죽고 싶다는 말 대신 쓴 것들

죽고 싶다는 말 대신 쓴 것들
우울을 응시하며 써 내려간 유언 모음집

초 판 1쇄 2025년 07월 23일

지은이 윤슬
펴낸이 류종렬

펴낸곳 미다스북스
본부장 임종익
편집장 이다경, 김가영
디자인 임인영, 윤가희
책임진행 안채원, 이예나, 김요섭, 김은진

등록 2001년 3월 21일 제2001-000040호
주소 서울시 마포구 양화로 133 서교타워 711호
전화 02) 322-7802~3
팩스 02) 6007-1845
블로그 http://blog.naver.com/midasbooks
전자주소 midasbooks@hanmail.net
페이스북 https://www.facebook.com/midasbooks425
인스타그램 https://www.instagram.com/midasbooks

© 윤슬, 미다스북스 2025, *Printed in Korea*.

ISBN 979-11-7355-324-0 03810

값 18,000원

※ 파본은 구입하신 서점에서 교환해드립니다.
※ 이 책에 실린 모든 콘텐츠는 미다스북스가 저작권자와의 계약에 따라 발행한 것이므로 인용하시거나 참고하실 경우 반드시 본사의 허락을 받으셔야 합니다.

미다스북스는 다음세대에게 필요한 지혜와 교양을 생각합니다.

죽고 싶다는 말 대신 쓴 것들

우울을 응시하며
써 내려간
유언 모음집

윤슬 지음

미다스북스

이름 없는 슬픔이 당신을 만나 비로소 기억되기를 바라며.
이곳에 당신의 이름을 새겨주세요.

_____

< 경고 문구 >

※ 한 번에 적정량의 우울만 섭취하시기를 권장드립니다.
※ 복용법: 1회에 1~2개

    이 책은 적나라한 우울과 절망으로 가득 찬 책입니다. 한 번에 섭취하면 부작용이 있을 수 있으니, 적정량의 우울만 섭취하시기를 권장드립니다.
    슬플 때 슬픈 책을 읽고 싶어 하는, 우울의 욕구를 가지고 있는 독자들이 마음껏 슬퍼 할 수 있게 쓰인 책입니다. 책을 읽는 동안만 한껏 슬퍼하고, 마음껏 우울해하고, 떠날 때는 그 슬픔과 우울을 이곳에 두고 가 주세요. 그렇게 독자들이 가진 상처들을 털어낼 수 있게 되기를 바랍니다.

들어가며 10
우울의 끝에서, 당신에게 012

1부

처절하고 처참하고 처량한

밤의 변천사 17 | 악몽의 재상영 22 | 이불 23 | 지옥에게 잡아먹힌 날들 24 | 검은 호수 26 | 마주침 28 | 망각의 싱크홀 29 | 아물지 않는 진실 37 | 빨간 줄 38 | 데일밴드 43 | 날것의 상처 44 | 우리는 정말로, 그녀를 살릴 수 있었다 45 | 빛의 독점 51 | 우울과 불안의 자화상 52 | 죽음보다 무서운 것 55 | 갱신 56 | 썩은 물 58 | 변명 63 | 문밖의 세상 64

자살 시도 이력서 1
기도처럼 삼킨 약들 67

2부 사랑이 머물다 스쳐 간 순간들

사랑은 사실, 그 어디에도 없다 77 | 무너진다 82 | 첫사랑이었다 83 | 다시, 사랑을 모아 89 | 봄의 온도 90 | 천국에서 다시 만날 때까지 91 | 그가 죽었다 94 | 우리, 잘 있자 96 | 그리움의 비수 97 | 닿을 수 없는 너에게 99 | 너의 온기가 나를 죽인다고 해도 100 | 나는 널 살릴 수 있지 않았을까 102 | 안녕이란 말을 해야 할 너에게 106 | 잘 잤어? 107 | 우리는 모두 외롭고 또 외롭다 108 | 뒷걸음질 110 | 죄책감의 영원성 111 | 그렇게 너는 나의 슬픔이 되었다 118 | 죽어 마땅한 사람 119 | 원망은 없다 120 | 안녕 없는 이별 122 | % 123

자살 시도 이력서 2
평온히 가라앉은 꽃 한 송이 124

3부 끝내 나를 지우기로 했다

내가 꿈꾸는 엔딩, 그곳은 따뜻하고 포근할 거야 141 | 낙하(落霞)의 낙하(落下) 145 | 벚꽃 146 | 끝이 있는 걸 알기에 147 | 물결 150 | 무기력의 끝 151 | 쿵쾅쿵쾅 154 | 빈 방 155 | 기특한 아이 156 | 마음을 달래다 161 | 태어나줘서 고마워 163 | 엄마 168 | 악역의 결말 169 | 갈기갈기 175 | 걱정의 일방성 176 | 그러니 부디, 우리를 포기해 주기를 177 | 상처의 경중 181

자살 시도 이력서 3
삶을 구걸한 밤 182

삶의 끝자락에서 195

들어가며

"우울할 땐 우울을 만끽해야 한다."

우울이라는 물로 가득 채워진 욕조에 갇혀 있는 사람에게 꽃과 입욕제를 선물해 준다 한들, 그저 조금 더 보기 좋고 향기로워진 우울에 불과합니다. 사실 그마저도 그 사람의 착각일 뿐이겠죠.

우울에서 벗어나기 위해서는 욕조에서 빠져나와 샤워기를 틀고 우울의 물로 온몸을 적셔야 합니다. 그렇게 우울을 만끽해야만 몸을 덮고 있던 우울을 온전히 흘려보낼 수 있습니다.

그래서 저는 꽃과 입욕제 같은 희망이나 위로 대신, 고통과 절망을 전합니다. 독자들이 제가 쏟아낸 절규를 읽고 우울을 만끽함으로써 그들의 괴로움을 씻어내리길 바라며.

우울의 끝에서,
당신에게

 한 글자 한 글자 써 내려가는 데 꽤나 오래 걸렸다. 깊숙한 곳에 묻혀 있던 내 이야기를 토해낸다는 것이. 때로는 후련했지만, 여전한 괴로움에 고개를 처박고 한참을 일어나지 못하기도 했다.

 상처를 되새김질하는 시간을 지나 비로소 하찮지만 절실한 마음을 담은 책 한 권이 나왔다. 이 책은 내 유언 모음집이다. 삶의 끝자락에서 남기는, 아주 보잘것없고 처량한 숨을 담은. 이제는 내 상처로 가득한 이 하찮은 책 하나가 내게 남은 전부이다.

그러니 내가 입을 틀어막고 써 내려간 조용한 절규를 들어주길 바란다. 그 절규가 당신들을 옥죄여서 나와 같은 우울에 빠지게 할지라도, 바라건대 참을성 있게 버텨주기를 뻔뻔하게 부탁한다. 감사하게도 이 책을 집어 든 당신의 선택에 그런 참을성이 담겨 있기를 조금은 기대하고 싶다.

(어쩌면 당신 또한 우울에 젖어 이 책을 폈을지도 모른다. 슬플 때 슬픈 책을 읽고 싶은, 마음속 깊숙이 숨어 있는, 당신도 모르는 우울의 욕구 때문에 말이다. 그렇다면 잘 선택했다. 이제부터 이 책에 가득한 비극을 읽고 우울을 만끽하면 된다. 우울은 때로 그렇게 흘려보내는 것이다.)

이제껏 그 누구에게도 아픔을 고백하지 못해 왔다. 그래서 외로웠고, 처절했고, 오해받았다. 아무리 내게 소중하고 믿음직스러운 사람이라 해도 온전히 나를 아는 사람은 없다. 그래서 이 책은 당신들을 위한 책이기도 하다. 오해와 궁금증, 서운함 따위의 것들을 풀어 줄 숨 쉬는 대상이 부재할 테니, 내 숨을 갈아넣은 이 책을 통해 시도해 보라고.

물론 이 책을 다 읽는다고 해서 나를 전부 알게 된다는 것은 아니다. 그저 당신들이 나를 떠올릴 때 남을 찝찝한 미지(未知[1])의 공간을 조금이나마 채워주고 싶다. 시체 없이 치르는 장례보단, 참혹하더라도 그 마지막 모습을 보고 치르는 장례가 덜 괴롭지 않은가.

참혹했던 나의 지난날들이 한데 누운, 그 시체 더미를 보고 미지의 공간을 채워주기를. 안개처럼 잡히지 않던 나의 형상을 빚어 따뜻한 곳에 눕혀주기를. 이따금씩 당신들에게 보냈던 미지(微旨[2])의 메시지들을 해석해 주기를. 나를 더럽힌 찌꺼기 같은 오해를 씻어주기를.

그렇게 마지막에 다다르면, 당신을 허전하게 했던 미지의 공간에 비로소 내가 있을 것이다. 진실이라는 포근한 담요를 두르고서. 그 사람이, 당신이 알지 못했던 진정한 나다.

1 미지(未知): 아직 알지 못함.
2 미지(微旨): 깊고 미묘한 속뜻.

1부

처절하고 처참하고 처량한

틈은 나무로부터 눈물과 함께 수정어이 흘러나온다

밤의 변천사

 눈을 떠도 감아도 어둡기만 한 밤. 오랫동안 나의 밤은, 나를 암흑의 구렁텅이에 떨어뜨리고서 올라오려고 아등바등하는 날 비웃는 괴물이었다. 그 괴물 앞에서 나는 홀로 공포에 잠식된 채 심장이 찢어지는 고통을 온몸으로 견뎌야 했다. 흐릿한 움직임조차 느껴지지 않는 짙고 무거운 암흑 속에 갇혀 외로이 울어야 했다.

 밤이란 괴물은 나의 나약함과 죄책감을 먹고 시간에 따라 모습을 바꿔가며 나타났다. 매번 다른 모습을 한 괴물 앞에서 나도 매번 다른 모습으로 무너져 갔다. 이미 더는 무너져 내릴 곳이 없는 구렁텅이에 빠져 있는데도 그랬다.

처음에는 악몽을 꿨다. 나를 죽음과 같은 고통으로 끌고 갔던 과거의 상처들이 두려움과 배신감, 절망감이 되어 꿈에 들이닥쳤다. 악몽에서 같은 장면을 여러 번 겪으면서, 잊고 싶은 기억들은 더 아프고 무섭게 재창조되어 되려 선명해졌다. 그렇게 끔찍한 악몽을 꾸고 눈물과 함께 일어나면 모든 게 어두웠다. 간신히 악몽에서 벗어나 눈을 떴는데, 또 어둠이라니. 어두운 현실은 다시금 악몽을 불러왔다. 결국 나는 잠을 잘 수도, 깨어 있을 수도 없이 혼자 끙끙 앓다가 아침을 맞곤 했다.

그다음은 죄책감이었다. 밤의 괴물은 죄책감을 특히 좋아했다. 나에게 죄책감은 가장 치명적인 상처였기에. 괴물은 죄책감을 먹고 날이 갈수록 강해졌다. 그리고는 내가 스스로에게 죄책감의 칼날을 내리꽂을 때마다, 그 옆에서 칼날을 갈며 잘한다 잘한다 낄낄거리고는 했다.

매일 밤 하얀 천장을 올려다보며 손잡이가 없는 칼을 손에 쥐고 가슴에 내리꽂는 상상을 했다. 사랑하는 이에게 상처와 외로움을 남겼다는 자책에 한 번. 그에게 일어나는 모든 비극이 내 탓이라는 자책에 한 번. 애초에 나만 없었다면 모든 게 평화로웠을 거라는 자책에 또 한 번. 그러나 수없이 찌르고 한없이 피를 흘려도 잘못은 사라지지 않았다. 하염없이 자책하며 울다 죄책감에 파묻혀 잠에 드는 것이, 내 하루 일과의 마지막이었다.

그리고는 자해를 하기 시작했다. 심장이 너무 아려서, 마음이 너무 괴롭다고 울부짖어서. 조금이라도 아픔을 잊기 위해 칼심으로 손목을 그었다. 쓰라린 상처에서 흐르는 피를 보면 아린 심장이 조금은 가라앉았다.

게다가 피를 보고 있으면 오염된 몸이 깨끗해지는 것도 같았다. 더러운 피가 빠져나갈수록 몸은 정화되는 듯했고, 그래서 사랑하는 사람들 곁에 조금 더 머물러도 된다고 믿었다. 어쩌면 밤의 괴물이 내가 모르는 새에 그렇게 속삭이고 있었던 걸지도 모르겠다. 그렇게 피를 무서워해서 보기만 해도 손을 덜덜 떨던 내가, 이제는 자해에 중독되어 헤어나오지 못하고 있으니 말이다.

어떤 날은 괴물이 내 몸의 모든 피를 쪽쪽 뽑아가버린 무기력함에 울거나 자해를 할 힘조차 없을 때가 있다. 그럴 때면 침대에 누워 멍하니 있는다. '이대로 누워 있다가 그대로 사라져버렸으면 좋겠다.'고 기도하면서.

지금은 모든 게 섞여 매일 밤 다르게 찾아온다. 몰아치는 죄책감에 심장이 시려 인형을 꽈악 안고서는 침대 구석으로 몸을 밀고 들어가 숨는다. 그래도 진정이 되지 않으면 괴로운 신음 소리를 들키지 않으려 입을 틀어막고 몸부림을 친다. 그러다 결국엔 참지 못하고 침대 옆에 숨겨둔 칼심으로 상처를 낸다. 흐르는 피를 보며 실컷 아파하다 지치면, 급하게 수면제를 털어 넣고 억지로 잠을 청한다.

그렇게 흘려보낸 밤이 햇수로는 이미 14년째. 이제는 밤이 무섭지 않아졌다. 홀로 주저앉아 *괴물과 마주하던 내가, 끝내 상처로 휘감긴 괴물이 되어버렸으니.* 그 괴물은 끈적이고 냄새나는, 과거라는 오물을 뒤집어쓴 채 어둠 속에서 피를 철철 흘리고 있다.

괴물은 암흑의 구렁텅이 안에 철저히 고립되어 있다. 더러운 괴물을 봐주는 이는 아무도 없다. 괴물은 어둠을, 밤을 떠날 자격도 없다. 기댈 누군가를 소망하며 빛을 쫓아갈 수도 없다. 괴물을 위로해 주는 건, 스스로에게 상처 내기 위해 닿는 자신의 손길뿐이다.

나는 이제 그런 괴물이 되어버렸다. 밤이 무섭지 않아진 괴물. 아니, 너무 오랫동안 어둠에 파묻혀 있느라 눈이 멀어 무서움을 보지 못하게 되어버린 괴물이.

악몽의 재상영

천장은 스크린이,
두 눈은 카메라와 조명이,
뇌는 필름이 되어
악몽의 순간을 재상영한다.

관객은 오직 나 하나.

애써 잊으려 했던 장면들은
명장면이 되어 머리 곳곳을 쑤시고,

기어이 엔딩 크레딧이 올라가면
장면은 기억이 된다.

이불

오늘도 우울을 덮고 잠에 든다.

지옥에게 잡아먹힌 날들

 살아 있는 자체가 지옥인 사람의 삶을 아는가. 아침에 불현듯 눈을 떠서 밤에 가까스로 눈을 감는 그 모든 순간이 지옥인 사람의 삶을. 창백하게 하얀 천장을 망연히 올려다보며 죽음을 꿈꾸고, 갈라진 손목에서 흘러내리는 피를 멍하니 쳐다보는 사람의 삶을. 눈물 없는 흐느낌으로 방 안을 가득 채우고, 살을 에는 듯한 고통에 침대를 뒹굴며 허덕이는 사람의 삶을. 당신들은 아는가.

 지옥은 내 삶을 잡아먹었고, 그렇게 내 삶은 지옥이 되었다.

 지옥에게 지배를 당하면 세상의 모든 것들이 지옥으로 보인다. '행복하다', '기쁘다', '즐겁다'와 같은 말들은 검정색 크레파스로 거칠게 지워진다. 대신 '아프다', '두렵다', '외롭다'와 같은 말들이 그 위에 선명하게 그려진다. 세상 사람들이 감탄하는 아름답고 빛나는 장면들은 마치 흑백의 영정사진처럼 보인다. 지옥에게 지배를 당하면, 지옥에게 잡아먹히면, 모든 것들을 지옥의 눈을 통해 보게 된다.

지옥에서 벗어나는 방법은 단 하나. 죽음을 통해 지옥의 삶에서 도망치는 것. 어쩌면 죽음 이후의 세계가 지옥 같은 삶보다 더 평안할지도 모르기에. 그곳은 이 지옥보다 덜 고통스러울지도, 덜 우울할지도 몰라 하며 나는 그렇게 지옥이란 삶 대신 미지의 사후세계를 동경하게 되었다.

그래서 나는 오늘도 죽음을 꿈꾸고 갈망하고 있다. 이 지옥 같은 삶에서 벗어나기 위해, 나의 평안과 안녕을 찾기 위해.

검은 호수

내 마음속에는 호수가 있다.
너무나도 깊어서 검게만 보이는 호수가.

지난 몇 년 동안 나는 호수에 수심을 더하며
천천히 때로는 빠르게 호수 속으로 걸어 들어갔다.

목까지 물이 차오르자
본능적으로 손을 뻗어보지만
더 깊어진 호수 탓에
그대로 바닥으로 잠겨버렸다.

호수 바닥에 누워 반짝이는 수면을 바라본다.
숨이 막히지만 발버둥 치지 않는다.
그저 이제 다 되었구나, 이대로 다 되었구나 하며
나는 내 목을 조른다.

그렇게 검은 호수의 바닥에 누워

반짝이는 수면을 바라보며

내 목을 조르는 것.

이게 내 우울이다.

마주침

삶이 죽음을 만나는 걸 두려워하는 것처럼
죽음 또한 삶을 만나는 걸 두려워한다.

망각의 싱크홀

 돌이켜 보면 수능 공부를 시작하면서 기억 체계에 금이 가기 시작했다. 기억력이 서서히 떨어지면서 이상한 버릇이 하나 생겼는데, 동그라미가 제대로 그려지지 않으면 다음 진도로 넘어가지 못하는 것이었다. 동그라미 모양이 예쁘게 그려지지 않아서 혹은 그 끝이 제대로 맞물리지 않아서 마음에 들 때까지 썼다 지우기를 반복했다. 국어의 'ㅇ', 수학의 '0', 영어의 'o'. 어떤 과목이든 동그라미가 있어서 공부 전체에 지장이 갔다. 문제 푸는 속도가 현저하게 느려졌을 뿐만 아니라 정신적으로도 신체적으로도 금방 지치고는 했다.

 그 이상한 버릇이 생겼던 이유는 하나, 붕괴된 내 기억력을 믿지 못했기 때문이었다. '내가 지금까지 읽었던 내용을 제대로 이해하고 기억했나?'를 끊임없이 의심하며 완벽한 동그라미를 그리고 또 그렸다. 하지만 동그라미가 완벽해질수록 기억의 빈틈은 더욱더 깊어졌다. 그 빈틈을 채울 생각은 하지 못하고 겉으로 보이는 완벽에만 집착한 터였다.

  이 버릇은 재수와 삼수 때까지 이어지다가 한동안 사라졌었다. 그러다 5~6년 전쯤 병이 심각해지면서 새로운 모습으로 다시 나타났는데, 이번에는 동그라미에 집착하지는 않았다. 대신 읽었던 문장을 읽고 또 읽기 시작했다. 처음에는 책을 읽을 때만 그랬는데, 최근에는 자막이 있는 영상을 볼 때도 그렇다. 그래서 나는 어떤 영상이든, 다 보려면 러닝타임의 두세 배가 걸리고는 한다.

  읽었던 문장을 여러 번 다시 읽고, 완벽한 동그라미를 그린다고 해서 내용을 더 잘 이해하거나 기억하는 건 절대 아니다. 오히려 스스로 의심하고 집착하느라 머리에 제대로 남아 있는 게 없다. 하지만 이렇게라도 하지 않으면 남들이 살아가는 '평범'의 끝자락조차 따라잡지 못한다. 참 불쌍하고 멍청한 버릇이다.

  때로는 길을 걷다가 멍하니 서 있고는 한다. 오늘이 며칠인지, 어제 먹은 저녁밥이 뭐였는지, 예전에 친했던 친구의 이름이, 4년 내내 지겹도록 배운 전공 지식이 무엇인지 전혀 기억나지 않아서. 분주히 지나다니는 사람들을 보며 나도 부지런히 머릿속을 헤집어보지만, 늘 실패하고 만다. 친구들은 하하호호 웃으며 떠올리는 즐거운 옛 추억조차 혼자서만 기억하지 못해 어색하게 웃어넘긴다. 그저 "기억이 잘 안 나네. 내가 기억력이 쓰레기라." 하고 아무렇지 않게 넘기고는, 또 아무도 모르게 낙담하곤 한다.

  인간의 기억 체계에서는 한번 장기기억으로 저장되면 그 지속 기간이 영구적이라고 한다. 그럼에도 인간이 자신의 뇌에 저장된 장기기억들을 회상하지 못하는 건, 장기기억이 단기기억으로 '인출'되지 못했기 때문이다. 영화 〈인사이드 아웃〉을 떠올려 보면 이해하는 데 도움이 될 것이다. 영화 초반에 기쁨이와 슬픔이가 실수로 튜브에 빨려 들어가 떨어진 곳이 장기기억 저장소다. 그곳에는 구슬로 표현한 기억들이 끝도 없이 저장되어 있다. 구슬 대부분은 사용되지 않고 보관되어 있다가 필요한 경우 튜브를 통해 본부로 전송된다. 이 과정이 바로 인출이다. 그렇게 본부로 전송된 구슬을 통해 우리는 기억하고 사고하며 살아간다.

하지만 내 기억 체계는 어딘가 금이 가 있다. 어디서부터 잘못된 것인지, 어떤 기억들이 훼손된 것인지 도무지 알 수가 없어 무작정 금을 따라 걸어가 본다. *그 끄트머리에 다다른 내 앞엔, 바닥이 보이지 않을 정도로 깊고 거대한 싱크홀이 위압적으로 자리하고 있다.* 기억들은 싱크홀의 엄청난 흡입력에 의해 어둠 속으로 빨려 들어가 사라지고 만다.

그래서 나는 어쩔 수 없이 싱크홀로부터 도망쳐 표류하고 있는 기억들을 잡아야 했다. 사실 기억 체계가 멀쩡하다면, 기억의 구슬들은 앞서 말한 〈인사이드 아웃〉에서처럼 자기 자리에 맞게 정렬해 있어야 한다. 하지만 내 기억의 구슬들은 혼돈과 어둠 속에서 제자리를 잃은 채 거대한 싱크홀로부터 도망치고 있다. 그러니 내 머릿속 기억이 뒤죽박죽인 건 당연한 일이다.

그렇게 정처 없이 떠도는 것이라도 끄집어와 보려고 하면, 이번에는 그 기억들이 제각각 발악을 한다. *마치 그 기억의 개수만큼 뇌 안에서 폭죽을 쏘아 올린 것처럼.* 그것들은 힘을 잃지도 않고 벽에 부딪힐 때마다 저마다 경로를 바꾸며 쏘다닌다. 그렇게 폭죽들이 내 머릿속을 온통 뒤집어 엎으면, 나는 그 화려한 폭죽놀이가 쉬이 끝나기를 바라며 양손으로 머리를 감싸고 눈을 질끈 감는다. 그리고 마침내 모든 것들이 가라앉으면 나는 기억하기를 체념하게 된다.

하지만 죽기 전까진 어찌 됐든 살아야 했고, 살기 위해서는 어떻게든 기억하고 머리를 굴려야 했다. 그러려면 어떤 도움이라도 필요했기에 나는 정신과 의사 선생님에게 간절히 손을 내밀었다. 나는 답이 없고 막막하지만, 그래도 선생님이라면 무언가 현명하고 명쾌한 해답을 주겠지 기대했다.

"선생님, 갈수록 기억력이 안 좋아져서 너무 힘들어요. 이제는 아무것도 기억하지 못하겠어요. 저는 정말 그 어떤 것도 제대로 할 수 있는 게 없어요. 머릿속이 너무 혼란스러워서 미쳐버릴 것만 같아요."

하지만 돌아오는 대답은 실망스럽기만 했다. 지금까지 나를 담당했던 의사 선생님들이 대략 10명 이상이 되는데, 모두가 그랬다. 아무도 나에게 기억하는 법을 알려주지 않았다. 싱크홀에 빨려 들어간 기억들을 어떻게 되찾아야 하는지, 표류하고 있는 기억들이 발악할 때는 어떻게 진정시켜야 하는지, 그 누구도 가르쳐주지 않았다. 어쩌면 그들은 내 말을 단순히 "요즘 들어 자주 까먹어서 골치가 조금 아프네요." 정도로 알아들었을지도 모르겠다. 그리고는 이렇게 말했다.

"기억력 감퇴는 우울증의 대표적 증상 중 하나예요. 환자분이 최근 들어 더 많이 우울하고 스트레스를 받다 보니 기억력이 더 떨어지는 것처럼 느끼는 거죠. 그렇지만 뇌 검사 결과를 봤을 땐 특별히 문제 되는 수치는 없어요. 우울증이 나으면 기억력도 다시 좋아질 거예요."

정신병이 나으면 뭔들 안 좋아질까. 나는 그토록 무책임한

말도 없겠다 싶어서 도움받기를 포기해버렸다. 그렇게 나는 또다시 기억하기를 체념한 채, 점점 더 악화되는 버릇을 품고 방치되어 곪아가고 있다.

구슬 중에는 기억해야 하는 것들이 대부분이지만, 기억하고 싶지 않은 것들도 있다. 치유받지 못한 상처들, 남아 있는 흉터들, 두려움, 배신감, 절망감 따위의 것들. 아무리 싱크홀이 깊어도 아픈 기억들만큼은 비교적 오래 보존되고 있는 게 참 억울하다.

14년이 지났다. 나에게 선명하게 생채기를 냈던 상처의 한 부분은 그동안 흐릿하게 지워졌다. 내 망할 기억력이 으레 그래왔듯 기억을 지운 게 아니라, 내가, 내가 너무나도 괴로워 간절히 잊으려 애써 왔기에. 그러나 상처의 또 다른 한 부분은 여전히 뇌 한구석에 꾸겨진 채로 묵직하게 자리 잡고 있다. 그렇게 나의 한편에서 불안정한 존재감을 과시하며 내 생명력을 갉아먹고 있다.

절실히 잊히길 바라는 기억은 견고한데 필요한 기억들만 몰락하는 것. 현재와 미래를 등지고 과거의 상처에 머물러 있을 수밖에 없는 건 이 때문일까.

아물지 않는 진실

그때 왜 그랬어?

대답을 들으면 조금은 나아질까.

흐릿해진 공포가 선명해지진 않을까.
애써 치장한 기억들이 흉측한 모습으로 나타나진 않을까.
아물어가는 상흔 위에 또다시 새빨간 자국이 새겨지진 않을까.

그래, 역시 모르는 게 낫겠지.

빨간 줄

 암흑으로 방이 가득 차고 고통이 정신을 점령할 때면 침대에 앉아 숨겨두었던 칼심을 꺼내든다. 칼심을 손목에 대고 하나, 둘, 셋 그어 가다 보면 어느새 팔꿈치까지 새빨간 피가 맺혀 흐르고 있다. 그렇게 팔목을 따라 흐르는 피를 눈물과 함께 흘려보내는 밤이 쌓이고 쌓여 어느덧 14년이 흘렀다. 그 가엾고도 외로웠던 긴 시간 동안, 내 팔목에는 상처의 흔적이 어지러이 포개져 왔다. *지워지지 않을 정도로 깊고도 처절하게. 잊히지 않을 정도로 선명하고도 지독하게.*

 상처의 시작은 이랬다. 가슴이 너무 아리고 시려서, 그 고통이 나를 잡아먹고 파괴할 것만 같아서. 어찌할 수 없는 두려움에 칼심으로 손목을 그었다. 흐르는 피를 닦으며 몸의 고통을 만끽하다 보면, 어느샌가 마음의 고통은 쉬이 진정되고는 했다. 그렇게 마음의 고통을 몸의 고통으로 대체하기 위해 스스로에게 상처 내는 것이 내 팔목의 흉터가 탄생한 첫 번째 이유였다.

한편으로는 자해를 하면 더러운 피가 빠져나가 오염된 몸이 정화되는 것처럼 느껴졌다. 나를 덮고 있는 과거의 더러운 상처나 잔해들이 피와 함께 흘러 나가면 오염된 몸이 조금은 깨끗해지는 듯했다. 검붉은 피가 흘러내릴수록 영혼은 순백에 가까워지는 것만 같았다.

그렇게 더러운 몸이 피를 통해 깨끗해지면, 사랑하는 이들 곁에 머물 수 있는 구실이 될 거라고도 믿었다. 더러운 몸으로는 그들 곁에 있을 자격이 없으니까. 사랑하는 사람들 곁에 있기 위해, 그들에게 어울리는 사람이 되기 위해 나는 손목을 긋고 더러운 피를 흘려보내야만 했다.

그렇게 고등학생 때부터 시작한 자해는 대학생 초반까지

만 해도 크게 심각하지는 않았다. 상처는 금방 아물었고, 흔적은 충분히 가리고 다닐 수 있었다. 그러다 정신병원을 들락날락할 정도로 상태가 안 좋아지면서 내 팔목은 보기 흉할 정도로 갈기갈기 찢어졌다.

　원래는 왼쪽 팔목 안쪽에만 상처를 냈다. 상처가 아물기를 기다렸다가 빈 공간에 새로운 상처를 내고, 또 아물 때까지 기다리는 과정을 반복했다. 그러다 더 이상 기다림을 버티지 못할 정도로 충동이 심해지면서 왼쪽 팔목의 바깥쪽과 오른쪽 팔목까지 자해를 하기 시작했다. 상처가 채 아물기도 전에 새로운 상처가 그려졌고, 조금의 틈도 용납할 수 없다는 듯이 온 팔이 빨간 줄들로 더럽혀졌다. 상처를 숨기기 위해 한여름에는 답답하게 토시를 끼거나, 아직 핏빛을 띠는 상처 위에 살색 테이프를 붙여야 했다. 어쩌다 사람들이 그 이유를 물으면 어색한 거짓말을 대고는 했다. 하지만 자해를 멈추기에는 살아 숨 쉬는 고통이 너무나도 컸다. 나에게는 고통을 잊을 수 있는 무언가가 간절히 필요했고, 그게 자해였을 뿐이었다.

그렇게 손바닥 바로 아래부터 팔꿈치까지 가로로 줄지어 서 있는 상처들을 자세히 살펴보면, 다 같은 빨간색이 아니라 저마다 입고 있는 옷의 색이 조금씩 다르다. 갓 태어난 상처는 가장 빨갛게 존재감을 드러내고 있고, 나이가 들수록 상처는 옅은 분홍색으로 흐릿해지다 마침내 하얀색이 되어 간다. 그래서 내 팔목에는 흐릿한 흰색부터 연한 분홍색, 맑은 빨간색, 검붉은색 등 다채로운 색상의 상처들로 가득해 빈틈을 찾아보기 힘들다.

  몰아치는 고통을 견디지 못해서 혹은 더러운 내가 혐오스러워서 손목을 긋는 건 여전하지만, 자해는 이제 내 삶의 깊은 곳까지 자리 잡아 일상의 일부가 되어버렸다. 지금은 하루를 자해로 마무리하거나 아무 감정 없이 손목을 그어 나가는 일을 무의미하게 되풀이하곤 한다. 자해를 할 뚜렷한 명분이 없어도 그저 자해라는 행위를 하고 싶어서 혹은 잠이 오지 않거나 무언가 하루의 끝맺음이 제대로 되지 않은 것 같아서 칼심을 들기도 한다. 예전에는 피를 보면 우울, 불안, 초조 따위의 것들이 해소되는 것만 같았는데, 이제는 반복되는 자해가 익숙해져서 아무 감정도 느껴지지 않는다. 휴지를 빨갛게 적시는 피를 무덤덤하게 바라보고, 코를 찌르는 피비린내를 멍하니 맡으며 공허하게 손목을 그어 나갈 뿐이다.

상처로 가득한 팔목은 내 고통을 시각화해줌으로써 그 고통을 증명해 준다. 내가 얼마나 아팠는지, 내가 얼마나 괴로웠는지를 보여 준다. 언젠가 내가 죽었을 때에도 나의 죽음을 정당하게 만들어 줄 것이다. 사람들은 알게 되겠지. 내가 결코 가볍게 죽음을 택한 것이 아니었음을.

이 책을 쓰면서도 참 많은 피를 흘렸다. 어쩌면 오늘도 어김없이 칼심을 꺼내 들지도 모른다. 그렇게 죽음의 염원을 담아 팔을 긋고는 허탈함에 잠기고 또 잠길지도 모른다.

이제는 내 팔목의 처절한 한 줄 한 줄이 죽음으로 향하는 처량한 길이 되기를 소망한다. 그래서 나는 오늘도 팔목을 긋는다. 애처로운 피를 뚝뚝 흘려가며, 오늘도.

데일밴드

갓 난 상처에 아직도 빨간 피가 맺혀 있어.
그 처절한 빨간 빛 상처 위에
엉성하게 데일밴드를 하나 붙이고 간신히 세상에 나가.

더 덧나지 않길,
더 벌어지지 않길,
더 곪아버리지 않길 바라며
습관적으로 데일밴드를 만지작 만지작.

나 때문에 데일밴드가 헤지고 있다는 건
전혀 눈치채지 못한 채.

날것의 상처

가장 날것의 상처가 가장 고통스럽지만
가장 날것의 상처가 가장 잘 아물기도 한다.

이미 흉터로 자리 잡은 내 상처보다는.

우리는 정말로,
그녀를 살릴 수 있었다

2019년 10월 14일. 그녀가 세상을 떠났다.

언론은 똑같은 내용을 무의미하게 반복하며 기사를 뱉어 냈고, SNS에는 그녀의 행복을 비는 추모글들이 화려한 해시태그와 함께 우후죽순 업로드되었다. 겉으로 보기엔 가슴 먹먹하게 아름다운 애도의 행렬일지 모르지만, 나는 그 틈 사이사이에 숨어 있는 역겨운 내면에 치가 떨렸다.

그녀는 생전에 대중과 언론으로부터 무자비한 비난과 모욕을 받아 왔다. 女아이돌이 연애를, 그것도 나이차가 많이 나는 男연예인과 대놓고 한다고. 방송에서 웃지 않았다고. 노브라로 다녔다고. 여성 이슈에 목소리를 냈다고. 그 이유들은(정확히 말하자면 사람들이 그녀를 공격하기 위해 멋대로 '이유'라고 이름 붙인 것들은) 전부 나열할 수 없을 정도로 많다. 대중들은 그녀에게 유난히 엄격했고, 그녀의 말과 행동 하나하나를 물고 늘어졌다. 그녀는 존재 자체만으로도 연예계에서 가장 핫하고 자극적인 화젯거리가 되어 난도질당해야만 했다. 그녀가 무엇을 그렇게 잘못했길래 유달리 미움을 받아야만 했을까. 다른 연예인이 그랬다면 과연 그녀만큼 비난을 받았을까? 아니, 비난을 받기는 했을까?

  그녀가 사망한 날. 먼저 학교 커뮤니티에서 그녀가 죽었다는 몇 개의 확실치 않은 기사와 말들이 빠르게 퍼졌다. 연예계 소식에 무심해 여태 누가 죽든 말든 크게 신경 쓴 적 없었지만, 그녀는 달랐다. 처음으로 간절히 오보이길 바랐다. 수업에 전혀 집중하지 못한 채 새로운 기사가 떴는지 계속해서 새로고침 버튼을 눌렀다. 불안하게 요동치는 심장을 애써 부여잡고 그녀가 무사하길 기도하고 또 기도했다.

  그녀의 사망이 공식화되자, 그녀의 삶과 마찬가지로 그 죽음 또한 엄청난 이슈가 되어 사람들의 입에 오르내렸다. 그런데 내가 치가 떨렸던 포인트는, 그 말들의 성질이 이전과는 180도 달라졌다는 것이었다. 그녀를 향한 무자비한 비난과 모욕과 조롱이 옹호와 사랑, 그리움으로 돌변했다. 합심해 수십 가지의 이유로 그녀를 파괴해 왔던 사람들이, 이번에는 성별이나 이념과 같은 기준으로 분열해 서로를 질책하고 책임을 떠넘기려 혈안이었다. 일부는(진심일지는 본인만 알겠지만) 자신의 지난 행적을 고백하며 반성하는 모습을 역시 화려한 해시태그와 함께 게시하기도 했다.

처음에는 어이가 없었고, 그다음에는 사람이 미워졌다. 당신들이 욕했잖아. 당신들이 목을 졸라서 질식시킨 거잖아. 그런데 왜 갑자기 착한 척, 슬픈 척을 해? 그렇게 한다고 책임에서 벗어날 수 있을 것 같아?

나에게는 모든 사람들이 이렇게 보였다. 그녀의 목을 졸라 질식시켜 죽음의 지척까지 끌고 가 놓고는, 반대로 그녀가 죽고 죄책감이 자신의 목을 조르려 다가오자 '미안해. 그녀는 정말 좋은 사람이었고, 그녀를 잃은 게 너무 슬퍼. 행복하길 진심으로 바랄게. 봐봐. 사실 나는 그녀의 행복을 빌어주는 착한 사람이야. 그러니까 나는 그녀의 죽음에 어떤 책임도 없어. 나를 욕하지 마. 아, 그런데 너는 좀 잘못했네. 네가 그녀를 죽였구나. 나쁜 자식.'

그녀는 미움을 받으면서도 용기 내 끊임없이 사랑을 갈구했다. 그 용기가 얼마나 처절한 것이었을까. 세상 모든 것들이 나를 증오하는 것만 같을 때, 그 시선들을 마주하고 웃으며 나선다는 게 상상하기 싫을 정도로 두렵다. 그 누구보다도 악플로 고통받던 그녀는, 악플을 직접 읽는 프로의 MC가 되기도 하며 다수의 예능에 출연했고, 배우로서도 가수로서도 대중 앞에 꾸준히 등장했다. 하지만 그녀의 진실된 모습과 노력은, 언론과 대중이 그녀를 공격할 건더기를 던져주는 결과만 낳았다.

그녀의 사망은 나와 같이 죽음을 꿈꾸는 정신병 환자들에게 무언의 메시지와도 같았다. *지금의 고통과 불행에서 벗어나고 싶다면 답은 딱 하나, 죽음밖에 없다는 것.* 생전에 그녀가 아무리 발버둥 쳐도 벗어날 수 없었던 불행이 죽음으로 단번에 소멸했으니 말이다. 심지어 이제는 모두가 그녀를 사랑하고 그리워하니, 죽음만큼 효과적이고 간편한 방법이 있을까.

그녀가 지금은 아프지 않기를, 마침내 이른 행복한 결말 속에서 평안하기를 바란다. 그래야만 나 또한 죽음을 통해 고통에서 해방될 수 있다는 희망에 확신을 가질 수 있을 테니.

+) 그녀와는 티끌만큼 작은 연이 있다. 내가 다니던 대학교에 친한 친구가 있었던 그녀가 몇 학기 동안 수업 청강을 했던 것. 나는 직접 마주친 적은 없었지만(연예인에게 큰 관심도 없었고) 학교 커뮤니티에 목격담이 올라오는 일도 비일비재했고, 그녀가 SNS에 우리 학교와 관련된 글을 업로드하는 일도 자주 있었다.

내가 그녀에게 관심이 가기 시작했던 건, 학우들과 그녀 사이의 따뜻한 일화 때문이었다. 학우들은 연예인이 아닌 한 학생으로 온 그녀를 존중해 주자며 동의 없이 사진을 찍거나 업로드하지 않았고, 그녀가 학내를 돌아다녀도 몰려가서 소란스럽게 하지 않고 자연스레 행동했다. 그래서 그녀는 아침 9시 수업에도 늦지 않는 성실함을 보여주고, 활발하게 토론 수업까지 하며 학교 생활을 즐겼다. 그리고 SNS에 우리의 배려에 대한 감사의 글을 업로드해 한동안 학교 커뮤니티를 뜨겁게 달구기도 했다.

그랬기에 그녀의 죽음은 학교 전체에 엄청난 충격이었다. 나는 며칠 동안 붕 떠 가라앉지 않는 불안감에 의사 선생님께 괴로운 마음을 토로하기도 했다.

적어도 나는 그녀가 필요로 하는 사랑과 배려를 받았을 때 얼마나 행복해하는 사람인지를 봤다. 그래서 더 애통하다. 아주 약간의 사랑만으로도 그녀를 살릴 수 있었을 거라고 확신하기에.

우리는 정말로, 그녀를 살릴 수 있었다.

빛의 독점

유난히 밝은 가로등 불빛은
밤하늘의 별빛마저 가려버린다.

사람들은 가로등 불빛의 아름다움에 반해
별빛을 잊어버리고,

다시 별을 찾으려 했을 땐
이미 밝은 빛에 눈이 멀어
아무것도 보지 못하게 된다.

우울과 불안의 자화상

 하루에도 몇 번씩 우울이 나를 짓누를 때가 있다.
 그 기세가 어찌나 드센지, 나는 어떤 저항도 하지 못하고 가만히 누워 하얀 천장만 올려다보고 있다. 마치 온몸이 마비된 것만 같다. 옆으로 옮겨 누울 수도, 팔을 뻗을 수도, 고개를 돌릴 수도 없다. 움직일 기운도, 용기도 없지만 무엇보다 그 방법이 기억나지 않아서. 멍하니 천장을 바라보며 '몸을 움직이는 게 어떻게 하는 거였더라?'라는 멍청한 질문으로 머릿속을 가득 채우고는 답을 찾지 못해 이내 포기해버린다. 그럴 때면 처음에 누웠던 어정쩡한 자세 그대로 우울감에 짓눌려 침대 속으로 매몰되다가 간신히 숨만 쉬는 시체가 되어버린다.

그렇게 내 생명력을 야금야금 앗아가던 우울은 기어코 내 방까지 우울로 침몰시키고 만다.

내가 누워 있는 방은 우울로 가득 찬 깊은 호수가 되고, 멍하니 바라보고 있는 천장은 반짝이는 수면이 된다. 그리고 그 바닥에는 처량한 시체 하나, 내가 누워 있다. 그 바닥에서 시체가 할 수 있는 건 아무것도 없다. 그저 수면을 바라보며 방을 꽉 채운 우울의 물이 빨리 빠져나가길 기도하는 것. 그렇게 웅크린 채 공허한 눈빛을 흘려보내는 것. 고작 그것밖에 없다.

또 하루에도 몇 번씩 불안으로 심장이 요동칠 때가 있다.

우울이 내 방을 침몰시키고 온몸을 짓누르는 기분이라면, 불안은 심장을 냉동창고에 넣어둔 다음 망치로 내려치는 것만 같다. 시린 심장을 애써 부여잡고 도망치려 하지만, 무서운 기세로 달려드는 망치에는 속수무책으로 당할 수밖에 없다. 깽-깽-꽝-꽝. 귀를 찢는 소리와 함께 심장이 깨지기 시작하면 나는 항불안제를 먹기 위해 혼신의 힘을 다해 기어간다. *불안감에 압도되어 죽지 않기 위해, 죽을힘을 다해서.* 그렇게 약을 집어삼키고는 주저앉아 숨을 몰아쉰다.

    때로는 불안감이 심장을 지나 뇌로 향하고는 한다. 힘겹게, 나직이 몰아쉬던 숨은 결국 가쁘게 소용돌이치게 되고, 나는 눈을 질끈 감고 머리를 쥐어뜯는다. 하지만 전부 부질없는 짓이다. 오히려 불안감으로 가득한, 절대 터지지 않는 물방울 속에 갇힌 기분이다. 소용돌이치는 숨소리는 물방울 속에서 웅웅 울려 퍼지며 청각을 장악한다. 불안감이 뇌의 이곳저곳을 쑤시고 다니며 나타나는 공포의 순간들은 눈을 떠도 감아도 시각을 장악한다. 저릿하고 시린 심장은 아무리 힘껏 붙들어 잡아도 고통스럽게 두근거린다. 내가 할 수 있는 건 아무것도 없다. 무력감과 비굴함에 무릎 꿇고 앉아 숨을 헐떡이며 빨리 약기운이 돌기를 기도하는 것. 고작 그것밖에 없다.

죽음보다 무서운 것

죽음에 딸려 있는 책임들.
죽음에 달려 있는 목숨들.

갱신

고통 속에서 생각했다.
이보다 더 아플 수는 없을 거라고.

훗날, 고통 속에서 생각한다.
과거가 그립다고.
돌이켜보니 그때의 삶이 더 좋았다고.

부질없는 꿈을 꾼다.
오늘을 등지고 흔적을 더듬으며.
돌아가면, 혹여 달라질까.

고통은 매일 갱신된다.
나의 허락은 구하지 않고, 보태고 더해진다.
이보다 더 아플 수는 없을 거라는 착각에 힘입어.

갱신된 고통 속에서 나는 또 부질없는 꿈을 꾼다.

오늘을 등지고 흔적을 더듬으며.

돌아가면, 혹여 달라질까.

썩은 물

 기억도 나지 않을 만큼 까마득한 옛날, 정신이 온전했을 때는 남들보다 앞서 있는 게 익숙했다. 다른 사람보다 잘하는 것도, 잘난 것도 꽤나 많았기에. 하지만 내 인생에 병이 개입되고 나서부터는 앞서가는 사람들을 뒤에서 바라보는 게 더 익숙해졌다. 앞으로 한 발자국도 나아가지 못하고 쭈그려 앉아 세상 사람들의 뒷모습만 지켜보는 나. 그렇게 고이다 못해 냄새나는 썩은 물이 되어버린 내가, 지금의 나다.

 대한민국에서 정신병자로 살아남는 일은 외롭고 험난한 일 투성이다. 바삐 흘러가는 시간 속에서 정신병에 결박되어 정체돼 있는 기분은 마치 고독사로 죽어가는 것과 같다. 어두컴컴하고 먼지 냄새 가득한 방에 갇혀, 희미하게 들어오는 창밖의 빛을 쓸쓸하게 바라보며 생명력을 소진해 가는 것. 세상 사람들의 힘찬 발걸음에 짓밟혀 쓰러진 채 무의미하게 입만 뻐끔뻐끔거리다 눈을 감는 것. 그렇게 천천히 외로이 죽어가는 것이 내가 할 수 있는 전부이다.

지난 삶을 더듬어 봤을 때, 내 삶은 영양가 없는 실패의 연속이었다. 세상 사람들이 으레 말하듯 실패에서 교훈을 얻을 수 있는 이상적인 삶도, 사람도 아니었다. 실패의 경험으로 내게 남은 건 고작 극복할 수 없는 절망과 낙담뿐이었다.

발단은 고등학생 때였다. 정신병으로 무너지기 시작하면서 성적도 슬금슬금 떨어졌고, 마침내 첫 수능에서는 보란 듯이 미끄러졌다. 기대가 컸던 부모님의 의견을 따라 재수를 결정했지만, 이미 제정신이 아니었던 스무 살의 나는 술에 빠져 두 번째 수능까지 시원하게 말아먹었다. 결국 삼수까지 하게 되었는데, 아주 미미한 상승만 있었을 뿐 3년 내내 수능 점수는 비등비등했다. 그래서 나는 아주 멍청하게, 현역 때 성적으로 갈 수 있었던 대학교를 삼수 때 마지못해 가게 되었다. 그렇게 이십 대 초반의 귀중한 2년을 쓸데없이 버렸다. 어찌할 수 없었던 우울감과 무력감, 붕괴된 기억력, 부모님의 기대(라고 쓰고 압박이라고 읽는)라는 환상적인 조합으로 날려버린 시간 속에서, 나는 어떤 집단에도 속하지 못하고 어중간한 위치에 고립되어 처참한 실패를 겪었다.

대학교에 진학해서도 마찬가지였다. 동기들은 학점도 챙기면서 부지런히 동아리, 공모전, 자격증 등의 스펙을 쌓고 있는데, 나는 말 그대로 학교에 열심히 다니는 것이 전부였다. 더군다나 친구들은 취업 준비에 한창이던 때에 나는 앓고 있던 정신병이 심각해져서 휴학을 해야만 했다. 누구는 휴학을 하는 동안 생산적인 일을 한다던데, 나는 아무것도 하지 못했다. 기껏해야 침대에 누워 산송장처럼 천장만 보고 있거나 병원에 입원해 있는 게 전부였다. 뒤처진 채로 들어온 대학에서 나는 또 뒤처져만 갔다. 그렇게 고여가던 물은 결국 썩어가기 시작했고, 지금까지도 썩은 내를 풀풀 풍기며 기생충처럼 살아가고 있다.

최근에는 친구들의 결혼 소식도 종종 들려온다. 나는 사랑이 무너져 사랑에 좌절하고 실패해 결혼을 포기하게 되었는데. 누군가는 사랑의 온기로 가득한 세상에서 함께 할 이가 있다는 게 부럽기만 하다. 나는 그 세상에서 멀리 떨어진, 소름 돋는 냉기만 가득한 세상에서 홀로 살고 있는데 말이다. 웅크려 앉은 내 곁엔 찬바람에 휘날리는 티끌밖에 없다. 나는 사랑에서도 실패해 앞서가는 이들의 뒷모습을 공허하게 바라볼 수밖에 없다.

장담하건대, 내 정신병이 지금보다 조금이라도 덜 비참했다면 내 인생은 훨씬 더 나은 방향으로 흘러가고 있었을 거다. 지금처럼 쭈그리고 앉아 다른 사람들이 앞서가는 모습을 하염없이 쳐다보고만 있지는 않았겠지. 어쩌면 한 명의 인간, 한 명의 사회 구성원으로서 제 역할을 해내고 있었을지도 모른다.

하지만 나는 삼십 대 초반인 지금까지도 여전히 잉여인간으로 내버려져 있다. 그 현실이 너무 원통해 누구라도 붙잡고 "제가 게으르거나 능력이 부족한 게 아니에요. 전부 다 망할 정신병 때문이라고요." 하며 엉엉 울고 싶다.

   나는 그저 누구라도 알아줬으면 좋겠다. 내가 이렇게 뒤처져 있는 건, 나 때문이 아닌 병 때문이라고. 그러니 나를 비난하거나 무시하지 말아달라고. 썩은 물이 되어 세상 사람들의 뒷모습만 바라보고 있었던 나였기에, *사실은 그 누구보다도 세상을 걸어가는 다양한 길을 관찰하고 배워 왔다고*. 그러니 나에게는 무수한 가능성이 있다고. 그저 병과 함께 하느라 시간이 오래 걸릴 뿐이라고. 누구라도 알아줬으면 좋겠다.

변명

내 인생을 변명하자면

살아만 있어도 대견한 삶이었다고.

문밖의 세상

마음이 건강한 사람들.
적어도 자신의 상태를 자각해 건강해지려고 노력하는 사람들을 보면 신기하다.
저 사람들의 에너지는 어디에서 나오는 걸까?
긍정과 확신으로 반짝이는 삶은 어떤 느낌일까?

우울에 속박되어 침대에서 한 발자국도 벗어나기 어려운 나와는 달리,
그들은 너무나도 쉽게 침대에서 일어나 문을 열고 세상으로 나가.
그러면 나는 멍하니 그 뒷모습을 바라볼 수밖에 없고,
방 안에는 공허만 남겠지.

'자살 시도 이력서'를 읽기 전에

 나는 시한부다. 정신병이 시작된 그날부터, 나는 스스로에게 사망 선고를 내린 시한부의 삶을 살아왔다. 세상 사람들의 생명력으로 들끓는 삶의 한복판에서 멀찍이 떨어져 삶의 끝자락에서만 존재하는 시한부. 그 외딴곳에서 외로이 그러나 기꺼이 죽음을 기다리는 시한부.

 내게 삶이란, 죽음을 준비하고 시도하는 과정과 그 시도가 실패했을 경우 사망 선고일을 갱신하고 다시 죽음을 준비하는 과정의 연속이다. 그렇게 25살, 27살, 30살. 수명을 조금씩 연장해 나가는 것이 내가 연명할 수 있는 유일한 방법이다.

시한부인 나에게 나이를 먹는다는 건 살아가는 것이 아니라 죽을 용기를 키워가는 것이다. 나이가 들수록 죽음에 대한 본능적인 공포, 사후세계의 불확실성에 대한 두려움과 망설임, 내가 떠나고 남을 이들에 대한 죄책감과 걱정, 삶에서 누리지 못했던 것들에 대한 미련과 원통함이 줄어들었다. 대신 죽음을 향한 갈망과 용기는 커져갔다. 나는 그 용기로 온몸을 무장한 채, 죽음의 최전선으로 차근히 때로는 서둘러 걸어갔다.

'자살 시도 이력서'는 시한부를 자처한 한 정신병 환자가 죽음의 최전선을 향해 내디딘 걸음의 기록들이다. 그 걸음 중에서도 특히 깊게 새겨진 발자국을 골라 당시의 상황과 심리 상태에 대해 미흡하게나마 들려주고자 한다. 이해나 공감 혹은 동정을 바라는 것은 절대 아니다. 다만 죽음의 세계에 제 발로 뛰어들었던 나를 생각할 때 드는 막연한 두려움, 이질감, 기이함 따위의 것들이 조금이라도 해소되었으면 하는 바람이다. 더불어 내 모든 선택들이 결코 가볍고 충동적인 것이 아니었음을 알아주었으면 하는 욕심까지도.

자살 시도 이력서 1

기도처럼
삼킨 약들

　이제는 자살 시도라고 부르지도 않을 만큼 익숙해진, 사실 죽을 확률도 적은 '약물 과다 복용'. 내 첫 자살 시도는 몇 주치의 수면제를 한 움큼 털어넣은, 그런 시시한 것이었다. 2020년 1월 2일. 새해가 되고 몇 시간 지나지 않았을 때. 모두가 시작을 준비하는 동안 나는 끝을 준비했다.

　사랑하는 사람(A)이 있었다. 십여 년의 세월을 사랑했지만 절대 이루어질 수 없었던 첫사랑. 그 사람 곁엔 책임져야 할 사람(B)이 있었다. 얼마나 가슴 절절한 사랑이었는지, 그 흔한 질투조차 나지 않았다. 오히려 걱정만 했다. 나도, 내가 사랑하는 사람도, 그 옆에 있는 사람도 모두가 아픈 사람들이었기에. 아파하는 B의 소식을 전해 들을 때마다 아프지 않기를 간절히 기도했다. 그래야 내가 사랑하는 A도 평안할 테니.

그날, B가 수면제를 많이 먹고 한참을 깨어나지 못하고 있다는 얘기를 들었다. 자주 들었던 말이라 새삼 놀랄 것도 없었지만, 그날은 왠지 이상했다. 그 일이 남 일 같지 않게 느껴졌다. 가슴이 너무 아려서 심장 가까이에 인형을 뭉개듯 안고 침대 구석으로 숨어 들어갔다. 왜 우는지 알지도 못한 채 몇 시간을 내리 울며 술만 퍼마셨다. 내가 사랑하는 사람의 곁에 있는 사람인데, 왜 그 고통이 내게 전염되는 걸까. 왜 죽음에 대한 염원이 나에게까지 전달되어 나를 생과 사의 경계로 끌고 가는 걸까. 이게 말이 되는 건가? 혼란스럽고 죽을 만큼 아팠다. 차라리 죽는 게 나을 정도로.

그래서 죽기로 했다. 죽을 만큼 아프니 죽어도 나쁘지 않을 것 같아서. 마시던 술잔을 내려놓고, 집에 한가득 쌓여 있는 약들을 모조리 가지고 와 테이블에 펼쳐놓았다. 그리고 그중에서도 취침약을, 취침약 중에서도 수면제 성분이 있는 약들을 골라 한군데에 모았다. 한 주먹을 꽉 채울 정도로 많은 양이었다. 초점 없는 눈으로 그 약들을 바라보다가, SNS에 짧은 마지막을 남겼다. *'그 아이의 옆에 있는 아이를 위해 기도해.'* 라고. B가 행복해야 내가 사랑하는 A도 행복할 테니까. 둘의 행복을 절실히 기도하며 나는 떠나니, 둘은 꼭 살아남아 행복을 누리라고.

핸드폰을 내려놓고 모아두었던 몇십 알의 약들을 먹기 시작했다. 이미 술을 많이 마신 상태에서 약들을 꾸역꾸역 밀어 넣으니 거북함이 올라와 힘들었지만, 빨리 해치우고 잠들고 싶었다. 두려웠지만 망설이지는 않았다. 한 번의 꿀떡에 죽음 뒤의 세상은 어떨까. 두 번의 꿀떡에 나는 이제 평안해질 수 있을까. 세 번의 꿀떡에 혹여 가족들과 친구들이 너무 큰 슬픔에 빠지지는 않을까를 생각하며 그 많은 약들을 삼켜갔다.

약을 다 먹은 뒤에는 침대에 누워 이불을 덮고 눈을 감았다. 빨리 술과 약기운에 취해 다시는 깨지 못할 잠에 들기를 간절히 바라며. 나에게 안녕을 고하며.

그렇게 잠에 든지 얼마 안 됐을 때, 누군가가 자취방 문을 세게 두드렸다. 약기운을 이길 만큼 둔탁하고 소름 끼치는 소리였다. 그 소리에 놀라 간신히 문을 열자 경찰들이 와 있었다. 갑자기 연락이 끊긴 나를 걱정한 지인이 경찰에 신고를 한 것이었다. 경찰들은 테이블에 어지러이 놓여 있는 약 봉투를 보고 당장 병원에 가자며 날 이끌었다. 결국 나는 해롱거리는 정신으로 부축을 받으며 경찰차에 올라탔다.

병원으로 이동하는 길에도 약기운에 취해 쓰러지다시피 잠들어 있었다. 처음에 갔던 병원에서는 더 큰 병원에 가라며 퇴짜를 놓았고, 겨우겨우 도착한 대형병원 응급실에서 부모님 전화번호를 유언처럼 남긴 후, 나는 정신을 아예 잃어버렸다.

그리고 하루 뒤. 나는 가족들에게 둘러싸인 채로 눈을 떴다. 드라마나 영화에서 정신을 잃은 주인공이 눈을 뜰 때처럼 나에게도 뭔가 드라마틱한 상황이 연출될 거라 기대했는데, 그런 일은 없었다. 그저 평소처럼 잠에 들었다 깨는 것과 같았다. 나는 가족들의 걱정과 약간의 질책을 받으며, 자취

방이 아닌 본가로 거처를 옮기고 대형병원 정신과 진료를 받는다는 조건으로 퇴원을 했다.

자살 시도 실패는 언제나 가슴 미어질 만큼 아쉽고 분하지만, 이 첫 번째 시도만큼은 실패해서 다행이지 않았나 싶다. 만약 B와 나 둘 다 무사히 깨어나지 못했다면, A의 마지막을 앞당기는 결과를 초래했을지도 모르니까. 그러니 죽을 만큼의 고통만 겪고 죽지 못해 다행이었다.

한편으로는 내 첫 자살 시도의 이유가 '내가 사랑하는 사람의 곁에 있는 사람이 아파서'인 게 웃기기도, 어처구니가 없기도 하다. 틀림없는 내 선택이었지만, 완전한 이해는 나조차도 어렵다. 그때의 난 왜 그랬을까. 왜 그토록 아팠을까.

곰곰이 생각해 보면, 어쩌면 당연한 선택이었을지도 모른다. 나는 본래 고통에 절여져 있던 사람이다. 매일 죽음을 꿈꾸고, 죽음의 유혹에서 간신히 도망치던 사람이다. 그런 나약한 나에게 가까운 사람(물론 나 혼자서만 가깝게 느꼈던)

의 자살 시도는 폭력적일 만큼 강한 자극일 수밖에 없었을 거다. 고통에 절여져 죽음을 갈망하던 내가, 죽음을 정당화할 수 있는 어떤 빌미라도 생겨라 하고 두리번거리고 있던 찰나에 그 소식을 들었으니. 어쩌면 그 소식은 내게 반가운 기회였을지도 모르겠다.

B가 자신의 머리에 쏜 총은 그 머리를 관통해 내 몸에 박혀버렸고, 우리는 함께 피를 흘리며 쓰러졌다. 그렇게 한 사람의 기도(企圖[3])는 또 다른 한 사람의 기도를 촉발했다. 죽음을 소망하는 기도(祈禱[4])와 그 소망을 이루려는 기도(企圖)를. 이게 내 숱한 자살 시도의 첫 시작이었다.

이제 내게 약물 과다 복용 따위는 자살 시도 축에 속하지도 않는다. 고통이 너무 깊어 도저히 깨어 있지 못하겠으면 일정을 고려해 적당한 날을 계산하고 정한다. 그리고 집에서 수면제를 한 움큼 털어 넣는다. 침대 옆에는 깨우지도, 신고

3 기도(企圖): 어떤 일을 이루려고 꾀함. 또는 그런 계획이나 행동.
4 기도(祈禱): 인간보다 능력이 뛰어나다고 생각하는 어떠한 절대적 존재에게 빎. 또는 그런 의식.

하지도 말라는 메모를 남겨두고서. 그리고는 이틀 정도 혼자 죽은 듯이 잠을 자다가 별일 아니라는 듯 깨어나고는 한다. 얼마나 그랬는지 이제는 기억조차 나지 않는다. 예전에는 응급차에도 몇 번 실려 갔었는데, 지금 생각하면 웬 유난이었나 싶다.

사실 솔직히 말하면 위험하기는 하다. 나는 선천적으로 심장이 약해서, 정신을 잃은 상태에서 검사를 하면 입이 벌어질 만큼 놀라운 수치가 나온다. 내가 살아 있는 게 신기할 정도로 말이다. (150 이하가 정상 수치인 검사에서 1100 이상의 결과가 나오기도 한다.) 그러나 끔찍하고 불행한 현실에서 이 정도는 시시한 일 따위가 되어버렸다. 그래서 이제는 다른 자살 시도에 덧붙이는 부수적인 방법으로 사용하고 있다. 좀 더 확실했던 자살 시도가 실패했을 경우, 심장을 위협하고 현실 세계에 조금이라도 늦게 돌아오게 해주는 방법으로. 자살 시도를 실패한 뒤 눈을 떴을 때, 온몸으로 맞는 초라함과 비참함에서 잠깐이라도 비껴가 있게 해주는 방법으로.

나의 우울 기록

1. 잊으려 해도 잊히지 않는 기억이 있나요?

___

___

___

2. 당신에게 평온과 위안을 주는 존재는 무엇인가요?

___

___

___

3. 당신이 겪는 우울과 불안은 어떤 모습인가요?

___

___

___

___

2부

사랑이 머물다 스쳐 간 순간들

사랑이라 불렀던 모든 순간의 진심

사랑은 사실, 그 어디에도 없다

리시안셔스(Lisianthus). 꽃말은 '변치 않는 사랑'. 그날, 그 꽃을 선물받았던 날의 나처럼 다시 사랑을 품을 수 있는 날이 올까.

사랑은 사실, 그 어디에도 없다. 그동안 나에게 전부였던 사랑은 전부 착각이었다. 이제 내 영혼의 방에는 헛된 사랑이 남기고 간 후회와 상실감이, 먼지 묻은 잡동사니가 되어 어둠 속에서 공허하게 나뒹굴고 있다. 그곳에는 어떤 빛도, 온기도 없다. 영혼이 희미해지는 그 순간에도.

변치 않는 사랑. 우리의 목숨이 다할 때까지 영원히 변하지 않는 사랑. 어리석게도 그런 사랑이 있다 확신했고, 사랑만이 나를 구원할 거라 믿었다.

그동안 사랑이라는 명목으로 참 많은 인연들이 머물다 지나갔다. 지난 십여 년은 곁에 누가 없었던 적이 채 몇 달도 되지 않았을 정도로 사랑이 전부인 시간들이었다. 어딘가에는 분명 나의 구원자가 있을 거라는 희망을 놓지 못한 채 부지런히 사랑과 사랑 사이를 헤매고 다녔다. 그 당시의 나는 병으로 결핍된 부분들을, 유일한 돌파구인 연애를 통해 채워야만 했다. 사랑 없이는 도저히 이어 나갈 수 없는 삶이었다.

하지만 나를 구원해 줄 사람은 없었다. 있었는데 놓쳤을 수도 있고, 맞다고 생각해서 붙들었지만 아니었던 적도 있었다. 어찌 됐든 모든 만남은 상처로 남았다. 상대에 따라 상처의 경중과 장단에만 차이가 있었을 뿐. 나는 나를 구원해 줄 사람은 찾지도 못한 주제에 점점 더 망가져 가기만 했다.

그러던 어느 겨울날. 유난히 추운 날씨처럼 사랑도 차갑게 얼어붙어 있었던 날. 나에게 전부였던 사랑이 결국엔 무너져 내렸다. 다시는 쌓아 올릴 수 없을 정도로 아주 처참하고 가혹하게.

그날, 그 사람은 내게 이렇게 말했다. "너의 잘못된 점을 고칠 수만 있다면 네가 상처받는 건 전혀 상관없어."라고. 삶이라고 부르기도 민망한 생이었지만, 그 이후의 삶은 그 어느 때보다도 공허하고, 희망도 기대도 없을 정도로 허물어졌다. 무엇보다 '사랑은 사실 없다'는 걸 뼈저리게 알게 되었다. *그때의 나는 차가운 현실에 발을 담그고, 배신감에 하얗게 질려버린 서늘한 눈물을 발밑으로 뚝뚝 흘려보내곤 했다. 그*렇게 차오른 눈물은 내 발목에서 허벅지, 가슴, 목으로 점점 높이 올라오다 이내 나를 집어삼켜 버렸다.

하지만 나는 아무것도 하지 못했다. 아니, 하지 않았다. 사랑이 없어진 나에겐 '아무것'을 할 힘도, 이유도, 필요도 없었기에. 아, 딱 하나 생긴 건 있었다. 드디어 미련 없이 죽을 수 있는 당위. 모든 것이 무너진 그날 이후로, 나는 완벽하게 죽을 수 있는 날을 계산하고 또 계산했다.

사랑이 없어진 나에겐 이제 아무것도, 그 어떤 것도 남지 않았다. 세상에서 나를 가장 사랑한다고 말했던 사람조차 내 상처에 무관심하고 냉담한데, 그 누가 나를 들여다봐 줄까. 결국 내 상처는, 사랑은, 처음부터 철저히 고립되어 있었고 그래서 나는 철저히 외로운 사람이었구나를 깨달으며 지난 날을 후회했다. 나는 아무것도 모르고 사랑이 있다 착각하며 살아 왔구나. 내가 정말 멍청했구나 하며.

　사랑은 무너져 없어졌지만, 사랑이 남긴 상처는 마음 한편에 어지러이 쌓이고 쌓여 있다. 얼마나 엉망인지, 남들은 무엇인지 알아볼 수조차 없는 형상으로. 그렇게 상처를 쌓아가다 보니 결국에는 나 또한 그 형상을 알아보지 못하는 순간이 왔다. 이제 나는 까닭도, 사연도 알지 못하는 아픔을 끌어안고 외로움 속에서 방황하고 있다. 그저 아파하고 아파하다, 쌓여 있는 상처 옆에 누워 죽음을 꿈꾸게 되었다.

　그래. 사랑은 사실 그 어디에도 없었다. 나에게 전부였던 사랑은 전부 착각이었고, 이제 나는 그 시리고도 아픈 상처에 파묻혀 지난 사랑을 더듬고 있을 뿐이다. 흉터로만 가득한 지난 사랑을. 사랑이 남기고 간 부작용에 얼룩지고 멍든 사랑을.

무너진다

또다시 무너진다.
무너지고 또 무너진다.
무너진 것을 쌓아 올린 적도 없는데
끝없이 무너지기만 한다.

첫사랑이었다

돌이켜 보면, 사랑으로 가득한 순간들이었다. 사랑에 빠진 그 모든 순간, 그 어떤 찰나에도 사랑이 빠진 순간은 없었다. 그 순간들은 모이고 모여 영겁의 사랑이 되어갔다.

첫사랑이었다. 모든 게 서투르고 서먹했던, 하지만 그만큼 순수하고 설렜던 첫사랑. "첫사랑은 이루어지지 않는대."라는 말에 주눅 들다가도 "우리는 꼭 영원히 사랑하자."는 말로 사랑을 약속했던 첫사랑. 사랑이란 단어를, 서로를 통해 채워갔던 첫사랑. 시작과 끝이 같을 줄로만 알았던 첫사랑.

15살 무렵, 교회에서 만난 1살 연하의 '그 아이'와 첫사랑을 시작했다. *잔잔하면서도 두근거림이 가라앉지 않는 사랑이었다.* 그 아이와 함께 했던 모든 순간들이 향긋한 봄내음이었고, 시원한 이슬비였고, 붉은 낙엽으로 기록한 시집이었으며, 포근한 담요와도 같았다.

그 아이는 정말, 정말 그 누구보다도 사랑스러웠다. 내가 기타에 붙여 준 하트 스티커를 애지중지하며, 그 기타로 내가 좋아하는 곡을 연주해 주었다. 많은 사람들 틈에서 은근슬쩍 내 옆에 앉아, 의자 밑으로 몰래 손을 잡아주었다. 내 작은 상처에도 속상해하며, "다치지 마. 다치면 내가 약 발라 줄 거야."라고 쓴 데일밴드를 붙여주었다. 교회 사람들의 눈을 피해 데이트를 하면서도, 언제나 내가 먼저 뒤돌아 가는 것을 보고 나서야 발걸음을 돌렸다. 인형 없이는 잠을 자지 못하는 나를 위해, 생일날 곰인형을 선물하고는 "나라고 생각하고 안고 자."라며 수줍게 이야기해 주었다.

그 아이의 사랑스러움을 내가 감히, 전부 다 이야기할 수 있을까. 그 아이는 그런 아이였다. 존재만으로도 벅차게 사랑스러워서, 어쩔 수 없이 사랑하게 되는. 그런 사랑스러운 사람.

 한번은 그 아이가 내 손을 잡고 말했다. "우리 아빠가 그러는데, 연인끼리 손을 잡고 두 번 꽉 움켜쥐면 사랑한다는 뜻이래." 그때부터 우리는 사랑한다는 말 대신 서로의 손을 말없이 움켜쥐고는 했다. 그 암호 같던 사랑 고백을 하며, 서로를 사랑 그득한 눈빛으로 바라보며, 조용히 미소 지으며. 우리는 그렇게 영원 같은 사랑을 함께 했다.

 하지만 우리의 사랑은 어른들이 보기엔 철없는 풋사랑에 불과했다. 양쪽 부모님 모두 우리 사이를 극구 반대하셨고 어렸던 우리는, 아니, 어렸던 나는 그 아이를 떠날 수밖에 없었다. 그렇게 우리는 첫 이별을 맞았다.

 그리고 몇 년 뒤, 그 아이와 재회를 했다. 그 아이는 한결같이 따뜻하고 다정했지만, 나는 아니었다. 그 아이와 헤어져 있던 동안 이미 너무 무너지고 망가져서 도저히 예전의 모습 따윈 찾아볼 수 없었다. 내 상처가 그 아이에게 상처가 될까, 더럽혀진 내 사랑이 그 아이의 사랑도 더럽힐까 두려웠다. 그리고 그 두려움은 죄책감이 되어 나와 그 아이를 괴롭혔다.

그때부터 우리의 사랑은 아픔으로 뒤덮였다. 사랑했기에 떠나야 했던 나와, 사랑했기에 그런 나를 붙잡아야 했던 그 아이의 틈 사이에는 슬픔만이 가득했다. 우리는 그 틈을 메꾸지 못하고 서로의 자리에서 서로의 방식으로 서로를 사랑했다. 지독히도 눈물겨운 사랑이었다. 그렇게 몇 년 동안 헤어짐과 만남을 반복하며, 우리는 차분히 망가졌다.

그러다 2022년, 우리는 또 한 번의 사랑을 했다. 사랑과 고통이 공존하는 관계 속에서, 그 아이는 나의 삶이 되어주었다. 자취를 하며 매일 술만 퍼마시고 밥도 제대로 챙겨먹지 않는 날 위해, 그 아이는 왕복 4시간 거리를 왔다 갔다 하며 내 식사를 챙겨주었다. 술과 약에 절어 몸부림치며 잠에 들 날 위해, 내가 잠들 때까지 포근히 안아주다 조용히 집에 가주고는 했다. 상처로 얼룩진 내 팔목을 보고 속상한 마음을 애써 감춘 채 함께 병원에 가주고 약을 발라주었다. 고통에 못 이겨 수면제 몇십 알을 먹고 쓰러진 나를 구하러 오고, 119에 신고하고, 입원해 있는 내 옆을 묵묵히 지켜 준 것도 그 아이였다. 그 아이는 많은 순간 나를 살려주었다. 그 아이가 없었다면, 나는 진작에 세상을 떠났을지도 모른다.

언젠가 동생이 그런 말을 한 적이 있다. "언니의 진정한 사랑은 그 사람(그 아이)뿐일 거야."라고.

그 아이와 헤어져 있을 때, 연애를 하지 않은 건 아니다. 세상 사람들의 시선에서 나의 사랑 방식이 이해되지 않을 수도 있다. 하지만 분명히 고백할 수 있다. *내가 진정으로 사랑하는 사람은 오직 그 아이뿐이라고. 지나가는 인연들, 흩어지는 만남 속에서도 나는 그 아이만을 사랑했다고.*

의사 선생님에게도 이런 말을 한 적이 있다. "선생님, 그 아이가 제 마음을 차지하는 비율이 80%고, 나머지 20%로 다른 사람들과 연애를 하며 살아간다고 생각했는데, 그 아이가 떠난 뒤에야 알았어요. 사실은 그 아이가 제 마음의 100%를 차지하고 있는 거라고. 저는 이제 어떻게 해야 하죠?" 마땅한 대답은 돌아오지 않았지만, 한 가지는 확실히 알게 되었다. 이제 나에게 평범하고 진솔한 사랑 따위는 없을 거라고. *그저, 기어코 나를 떠난 그 아이를 슬픔으로 추억하고 애틋함으로 그리워하는 것이 내 사랑의 전부일 것이라고.*

   그래서 나는 오늘도 그 아이를 사랑한다. 매일 밤, 그 아이가 선물해 주었던 곰인형을 끌어안으며. 그 아이가 작사, 작곡했던 노래를 돌려 들으며. 그 아이와 나누었던 감정을 회상하고 가슴 설레하며. 향수처럼 남아 있는 그 아이의 냄새를, 맑고 순수했던 그 아이의 미소를, 포근하고 다정했던 그 아이의 품을, 사랑으로 가득했던, 반짝이던 그 아이의 눈빛을 떠올리며. 그렇게 아련하게 일렁이는 사랑을 애써 부여잡으면서. 나는 오늘도 그 아이를 사랑한다.

다시, 사랑을 모아

바닥에 흩어져 있던 사랑을 모아
너에게 줄게.

섞여 있는 먼지와 흙은 골라내고
더러워진 손은 옷깃에 닦고
깨끗한 손으로 너에게 줄게.

그러니 다시 뒤돌아주겠니.
그러니 다시 손을 내밀어주겠니.
그러니 다시, 나를 사랑해 주겠니.

봄의 온도

봄기운이 완연해질수록

따뜻한 바람 그 특유의 무게감이 나를 짓누른다.

천국에서 다시 만날 때까지

사랑하는 사람이 세상을 떠났다.

사랑은 무너져 없어졌지만, 그럼에도 가슴에 품고 있던 사랑이었다. 중학교 때 첫사랑으로 시작해 지금까지 16년을 넘게 사랑해 왔던 사람. 감히 무어라고 형용할 수 없을 만큼 각별했던 사람. 하찮은 내 목숨보다 소중했던 사람. 다가가면 닳을까, 곁에 있으면 아파할까 겁이나 그저 멀리서 그리워하고 애달파했던 사람. 잊혀지는 얼굴이 애석해 매일 밤 눈물로 잠들게 했던 사람. 보고 싶지만 볼 수 없었던 사람. 사랑했지만 사랑할 수 없었던 사람. 내 삶의 이유였던 사람. 내 죽음의 이유였던 사람. 그렇게 내 사랑의 전부였던, 전부인 사람.

　삶의 매 순간이 고통이었다는 네가 그 마지막을 얼마나 바라왔을지, 그러면서도 그 마지막이 얼마나 두렵고 외로웠을지 나만큼은 이해가 돼서 심장이 찢어질 듯 아파 와. 너는 그때 무슨 생각을 했을까. 나를 떠올리기는 했을까. 괴로웠을 너의 마지막을 상상하면 비통하기만 해. 아프지 않고 평안하기만 했다면 좋았을 텐데. 그건 나의 욕심이겠지. 너는 많은 순간 나를 살려줬는데. 나는 끝끝내 너를 살리지 못해 미안해.

　신은 인간에게 감당할 수 있을 정도의 시련만 준다는데. 너에게는, 그리고 나에게는 왜 감당하지 못할 만큼의 큰 시련을 주시는 걸까. 신이 있다면 도대체 우리에겐 왜 이러시는 걸까.

　네가 없는 세상에서 내가 살아갈 수 있을까. 나는 그러지 못할 것 같아. 네가 살아 있는 세상에서도 나는 죽음만을 꿈꿨으니까. 이제는 너까지 없으니 더는 살아가야 할 이유가 남아 있지 않아. 하지만 내가 지금 지옥에 간다면 천국에 있는 너를 영원히 만날 수 없겠지. 그래서 죽지도 못해. 이러지도 저러지도 못하고 천천히 죽어가겠지. 너는 마지막 순간에 나에게 잘 지내라고 얘기해줬는데. 미안해. 나는 그러지 못할 것 같아.

너는 이제야 평안하겠지. 오래전 돌아가신, 천국에 계신 너의 어머님 품에서 이제야 아픔 없이 행복할 거야. 그러길 간절히 바라. 입관식 때 너의 표정이 편안해 보였다는 말이 그나마 위로가 돼. 이제는 고통 없이 평안할, 행복할 너를 생각해. 나는 여전히 너의 행복만을 바라.

천국에서는 아프지 말고 꼭 행복해야 해. 그러다 내가 나중에 가면, 우리 그때 못했던 사랑 마음껏 하자. 조금만 기다려줘. 사랑해. 그것도 영원히.

그가 죽었다

그가 죽었다.

연약하게 잡고 있던 목숨의 끈을 기어이 놓고는,

그 힘으로 죽음의 끈을 세게 묶고 세상을 떠났다.

그가 죽었다.

고통 혹은 평안 속에서.

적막 혹은 소란 속에서.

외로움 혹은 충만함 속에서.

그렇게 혼자만의 시간 속에서.

그가 죽었다.

남은 이들의 심장을 쥐어짜내고는.

터지는 흐느낌으로 방 안을 가득 채우고는.

불현듯 떠오르는 기억에 눈물 젖은 미소를 남기고는.

그렇게 그가 죽었다.

우리, 잘 있자

"사랑해."

"사랑해. 그냥 잘 있고 싶다. 둘 다."

"잘 있어라아."

"너도, 잘 있어라.
볕 좋은 곳에 누워 있는 팔자 좋은 개처럼. 잘 있자."

그리움의 비수

    그리움은 비수(匕首5)가 되어 심장에 내리꽂히고, 심장은 **비수**(悲愁6)로 물들여지다 이윽고 상처를 타고 흐른다. 흘러내리는 **비수**를 막아보고 닦아보지만 부질없다. 외려 흐르는 **비수**가 손에 스며들다 심장과 같은 색을 가지게 되어버렸으니. 그렇게 변색된 손으로 심장에 박혀 있는 비수를 뽑아내자 **비수**가 하염없이 쏟아져 나온다. 어찌할 도리가 없어 다시 그 상처에 비수를 박는다. 나는 그렇게 그리움이라는 비수를 꽂은 채로 상처의 틈에서 **비수**를 흘려대는 시체가 되었다.

---

5   비수(匕首): 날이 예리하고 짧은 칼.
6   비수(悲愁): 슬퍼하고 근심함. 또는 슬픔과 근심.

그리움은 오직 만남으로만 종결된다. 그 사람을 만나 얼굴을 보고, 냄새를 맡고, 손길을 느끼고, 대화를 하고, 그리웠다고 애정 어린 투정을 하면서.

그래서 그리움의 대상을 만날 수 없을 땐, 끝나지 않는 그리움을 가슴에 품고 살아가야 한다. 그리움이라는 비수가 꽂힌 상처에서 **비수**를 철철 흘리며. 그 상처의 통증이 일상을 좀먹고 삶을 해친다 하더라도, 그리움이라는 비수가 꽂혀 있는 한 벗어날 수 없다. 아니, 벗어나지 않을 것이다. 애초에 그 비수를 뽑아낼 생각이 없을 테니. *사무치는 그리움에, 가슴에 비수를 꽂은 채 **비수**에 잠겨 영원히 깨어나고 싶지 않을 테니.*

닿을 수 없는 너에게

나의 걱정이 너에게 닿기를.
나의 위로가 너에게 닿기를.
나의 간절함이 너에게 닿기를.
나의 사랑이 너에게 닿기를.

그리고

너는 이 모든 것들이 닿지 않을 만큼
먼 곳에 있기를.

너의 온기가 나를 죽인다고 해도

옷 끝자락을 붙잡듯 네 관심을 붙잡고
너의 표정이 두려워 정수리만 보여 준 채,
발끝만 땅에 처박아.

너는 날 어떻게 여길까.
내게 어떤 걸 줄 수 있을까.
그것들은 나를 살리는 것일까 죽이는 것일까.

무엇이든 네가 주는 관심이라면,
품에 한가득 안고 돌아와 침대에 펼쳐놓을 거야.
그리고 그 위에서, 네 옷 끝자락에서 느낀 온기를 덮고 잠을 자야지.

그게 간밤에 나를 죽인다고 해도 말이야.
나는 다 괜찮아.

그 온기 속으로 더 파고 들어가면 돼.
날 죽이러 오는 것들을 애써 등지고.

나는 널 살릴 수 있지 않았을까

사랑하는 사람이 또 세상을 떠났다.
그렇게 사랑한다고, 보고 싶다고 입이 닳도록 얘기하던 사람이, 고작 미안하단 말 한마디를 남기고선.

얼마나 두려웠을까. 얼마나 외롭고 비통했을까. 그 사람의 마지막을 계속해서 상상하게 된다. 상상은 내 심장을 깨뜨리고, 깨진 심장은 주변에 어수선히 흩어진다. 다시는 주워담지도, 짜맞추지도 못할 정도로.

나에겐 과분한 사람이고 사랑이었다. 사랑하는 사람을 떠나보내고 아파하는 내 곁에 있어 주었던 사람이었다. 그의 순수한 사랑은 더럽혀진 내 몸과 마음까지 깨끗이 정화시켜 주었다. 나에게만 보여주던 그 환한 미소로, 검게 썩은 내 심장을 따스히 품어주었다.

그 사람은 고난과 시련 따위는 어울리지 않을 정도로 그 존재만으로도 빛났고, 포근했고, 사랑스러웠다.

그래서 그 사람의 힘듦은 내가 전부 거두어 가고 싶었다. *아픔에 익숙한 내가 그 모든 것들을 거두어 가 그늘에서 삭이는 동안, 그는 따뜻한 볕이 드는 곳에 앉혀놓고는*. 그 아픔의 크기가 내 것에 더해져 그늘을 더 짙게 만들지라도, 환하게 웃는 그의 모습을 볼 수만 있다면 감내할 수 있을 것 같았다.

하지만 동시에, 살기 싫다고 말하던 그에게 아무 말도 해줄 수 없었다. 그럼에도 살아야 한다며 삶에 잡아두지 못했다. 삶을 강요하는 것만큼 잔인하고 무의미한 것은 없으니까. 그걸 누구보다도 잘 아는 나였으니까. 어쩌면 그런 섣부른 오만이 그 사람을 고독하게 만들었는지도 모른다. 어쩌면 그런 이기적인 착각이 그 사람을 죽음으로 몰아세웠는지도 모른다. 정말 어쩌면, 내가 그 사람의 손을 놓쳐버렸는지도 모른다.

 우습게도 나는 그 사람을 살릴 수 있을 거라 확신했다. 비록 내가 하찮고 초라한 존재이긴 해도, 그에게만큼은 내가 전부였기에. 내가 곁에만 있다면, 그를 사랑해 주기만 한다면. 그 사람은, 설령 힘겹고 지독한 삶이라도 살아낼 수 있을 줄 알았다. 나를 위해 견뎌내고, 이겨낼 수 있을 거라 믿었다. 그렇게 서로의 곁에서, 서로를 위해서 살아갈 수 있을 거라 생각했다.

 하지만 나는 그에게 충분한 사랑을 주지 못했다. 쓸쓸하고 작은 그 사람을 품에 안아주지 못했다. 추락하는 그 손을 잡아주지 못했다. 나는 결국, 그 사람을 살리지 못했다.

 후회는 자책의 칼이 되어 온몸을 갈기갈기 찢어놓는다. 그렇게 너덜너덜해진 살점 사이로 다시 후회의 피가 흐른다. 새빨간 피 웅덩이 위에 무릎을 꿇고 앉아 나의 잘못을 자백한다. 그렇게 나는 이제 용서조차 받을 수 없는 죄인이 되었다.

 비록 나는 세상에 남겨진 죄인이 되었지만, 그 사람은 고통뿐이었던 세상을 떠나 평안을 찾았기를 바란다. 그에게 가장 잘 어울리는, 어떤 얼룩도 묻지 않은 행복 속에서 편히 숨 쉬고 있길, 충만한 사랑의 품에 안겨 안녕하길 바란다. 그게 나에겐 유일한 위안이 될 테니. 그 사람이 세상에 남겨두고 간 상처들은 죄인인 내가 끌어안고 있을 테니.

 그가 그립다. 어느덧 그리움은 괴로움이 되었지만, 난 영원히 괴로움으로 그 사람을 그리워할 것이다. 그리움에 괴로움이 수반되는 것이라면, 괴로움이 그렇게 필수적인 것이라면. 기꺼이 그 괴로움을 만끽하면서.

안녕이란 말을 해야 할 너에게

마지막까지 내가 선물해 준 옷을 입고 있었으면,
그렇게 끝까지 사랑할 거였으면,
좀 더 곁에 있어 주지.
좀 더 버텨주지.
좀 더 사랑해 주지.

이제는 산산조각나 사라져 버린 네 사랑과
이제는 갈 곳 없어진 내 사랑이
공허 속에서 허무하게 떠다닌다.

잘 잤어?

그래, 그저 잠든 것뿐이지?

새하얀 이불을 덮고
살포시 눈을 감고
새근거리면서.

내일이면 일어나
내 이름을 속삭이며
너무 오랫동안 잠들었다고
나를 안아 줄 거지?

우리는 모두 외롭고 또 외롭다

외로움은 사랑에서 비롯되어 사랑의 유무와 상관없이 끈질기게 숨을 갉아먹는다. 외로움에 정복되어 숨을 쉴 수 없을 때는 누구의 온기도 소용이 없다. 외로움이 그 온기까지 다 잡아먹기 때문에.

외로움은 보편적인 감정이지만 동시에 치명적이기도 하다. 그것은 누구에게나 있지만 어느 역치를 넘어서는 순간, 삶을 무분별하게 망가뜨린다.

혼자 있는 시간에도, 심지어 누군가와 함께 있는 시간에도 우리는 외로움에 허덕인다. 때로는 그 외로움을 해소하기 위해 누군가의 온기를 강요하거나 자신의 외로움을 일방적으로 토로하기도 한다. 그게 상대방을 지치게 만들지라도. 외로움은 우리를 이기적으로 만든다.

그러나 다행히도 외로움은 다른 부정적인 감정들, 이를테면 우울과 절망, 좌절처럼 쉽게 전염되지 않는다. *외로움은 독립적이어서 나의 외로움은 나에게만 국한된다.* 외로움은 흐르지 않고 고여서 옮지 않는다. 그저 고이고 고여 나의 심장을 썩힐 뿐이다.

인간이 외로움을 느끼는 것은 필연적이다. 단지 외로움의 경중에만 차이가 있을 뿐.
우리는 모두 외롭고 또 외롭다.

뒷걸음질

뒤돌아 걷지 않고 고작 뒷걸음질을 쳐.

늘어나는 발자국에는 미련이 담겨 있고,
미련이 닿는 시선에는 네가 있어.

네 부름에 언제든 뛰어갈 준비를 하고.

그렇게 고작, 뒷걸음질을 쳐.

죄책감의 영원성

 죄책감은 나를 옭아매고 내 숨통을 조인다. 그것은 나를 죽음의 지척까지 끌고 가 놓고는, 머리채를 잡고 지옥을 보여 준다. 그 혼돈의 지옥 앞에서, 나는 잠잠히 파괴되고 부서질 수밖에 없었다.

 난도질당한 손목에서 흐른 피는 하얀 이불을 새빨갛게 물들이고, 방 안은 슬픔과 자괴감의 안개로 자욱하다. 죄책감의 괴물은 그 옆에서 끝없이 속삭인다. "다 네 잘못이야. 너만 없으면 모두가 행복해질 거야." 그 말에 입술을 깨물며 고개를 끄덕인다. "맞아. 전부 다 내 잘못이야. 나만 없으면 모두가 행복해질 거야." 그렇게 죄책감의 괴물이 내어 준 품 안에서 한껏 괴로워하며 나의 존재를 증오하는 매일이 되풀이 되었다.

 죄책감은 나에게 가장 치명적인 약점이자 아픔이다. '죄책감'이라는 단어를 내뱉는 것조차 힘이 들 정도로, 나는 그 앞에서 너무나도 쉽게 깨지고 부서진다. 지금 이 글을 쓰고 있는 순간조차도, 어찌할 수 없는 절망과 고통에 심연의 밑바닥에 허물어져 앉아 고개를 처박고 일어나지 못하고 있다. 그 어떤 글보다도 이 글을 쓰는 것이 가장 괴롭고 더뎠다.

 죄책감은 아주 오래 전, 약 십여 년 전부터 시작되었다.
 사랑하는 사람이 있었다. 중학생 때 부모님의 반대로 어쩔 수 없이 돌아서야 했던 첫사랑. 그 누구보다도 사랑했던, 그 누구보다도 나를 사랑해줬던 사람. 그 사람이 내 앞에 다시 나타났다. 그는 한결같이 따뜻하고 다정했지만, 나는 아니었다. 이미 망가질 대로 망가져서, 도저히 예전의 모습 따윈 찾아볼 수 없었다.
 스스로가 너무 더러운 것 같았다. 그 더러움이 그 사람까지 물들일까봐, 그의 곁에 있는 게 미칠 만큼 괴롭고 두려웠다. 죄책감은 그렇게 시작되었다. 그것은 나를 갉아먹으면서 그 사람을 떠나라고 속삭였다. 나는 그 속삭임이 들릴 때마다 그에게 모진 말을 하며 괴롭히곤 했다.

아픔은 사랑할수록 쉽게 전염된다. 그 사람은 그렇게 내 옆에서 나와 함께 무너져 갔다. 누구보다도 순수하고 밝고 찬란하게 빛나던 사람이었는데, 어느 순간 색을 잃어가다 결국엔 나와 같은 색을 가지게 되어버렸다. 삭막하고 우울한 회색빛으로.

나 때문에 웃는 날이 줄었고 우는 날이 늘었다. 나로 인해 가족을 미워하게 됐고, 낯설고 어두운 밤을 홀로 헤매야 했다. 그 사람은 내게 받은 상처로 아파하다, 결국 추락해버렸다.

그래서 더 이상 그 사람 곁에 있을 수 없었다. 스스로를 용납할 수 없었고, 나만 없어지면 모든 게 나아질 거라고 생각했다. 그 사람이 행복해지려면 내가 떠나야 했고, 그래서 이

별을 택했다. 내가 할 수 있는 건 고작 그것뿐이었다.

 내가 떠나고 얼마 후, 그 사람에게 큰 시련이 찾아 왔다. 하지만 나는 그 시련조차 내 탓인 것만 같아서 그의 곁에 있어주지 못했다. 그 사람을 고통 속에 홀로 두고, 나 또한 고통 속에 홀로 머물러 있었다.

 그리고 다짐했다. 평생 죄책감을 가지고 살아가겠다고. 그 죄책감을 끌어안은 채, 끝나지 않는 고통 속에서 벌받겠다고. 널 향한 내 사랑은 마음속 가장 깊은 곳에 묻어두고 꺼내지 않겠다고. 내 불행은 네 행복이 될 테니, 난 내 불행을 기도할 거라고.

 그 다짐, 십여 년 동안 잘 실천하며 살아 왔다. 스스로를 더럽히고, 죄책감에 짓눌려 끝없는 고통 속에 침대에서 한참을 몸부림치고, 삐져나오는 울음소리를 억지로 틀어막으며.
 그렇게 젖은 눈으로 간신히 잠에 들었다 젖은 눈으로 힘겹게 눈을 뜨는 매일이 되풀이되었다. 아침이 오면 내 방은 온통 무겁게 가라앉은, 눅눅한 우울로 숨이 막힐 정도였다. 그리고 내 몸과 마음도 온통 상처로 뒤덮였다. 아물 틈도 없어 흉터가 되지 못한 새빨간 상처들로.

이제 와서 생각해 보면, 그 선택이 얼마나 어리석은 것이었는지 알 것 같다. 그게 그 사람을 얼마나 외롭고 아프게 했는지도. 결코 그 사람을 위한 게 아니었음을, 이제서야. 하지만 다시 돌아가더라도 같은 선택을 할 것이다. 나는 애초에 글러먹은 사람이니까. 정해져 있는 비극이었다.

그 사람에게 상처와 절망을 줬다는, 그 사람을 고통 속에 외로이 두었다는, 그 사람의 슬픔과 시련을 외면했다는 죄책감이 여전히 나를 아프게 한다. 하지만 내가 자초한 아픔이기에 발버둥 칠 수는 없다. 그저 아린 가슴을 부여잡고 숨을 헐떡이며 죄책감을 온몸으로 견디어 내는 게, 내가 할 수 있는 그리고 해야 하는 전부이다.

십여 년 동안 그 사람에게 미안하단 말을 수도 없이 해 왔다. 죄책감이 흘러넘쳐 도저히 표현하지 않고는 어찌할 수 없을 때. 미안하단 말을 해서라도 연락하고 싶을 때. 결국 내 이기심으로 미안하다고 할 때마다, 그 사람은 항상 내게 "미안해하지 마. 다 괜찮아."라며 오히려 나를 위로하고 다독여주었다. 그 사람은 그런 사람이었다. 내게 받은 상처를 탓하지 않고, 내가 미안하다고 하는 말을 가장 싫어하는. 끝까지 나만 생각해 주던 사람이었다.

하지만 이제는 미안하다고 말할 수조차 없어졌다. 그 사람이 기어이 세상을 떠났기에. 그 사람을 지키지 못했다는 죄책감이, 그 사람이 겪었을 고통의 순간을 너무 늦게 알았다는 죄책감이 기존의 것에 더해져 이제는 숨조차 쉬기 어렵다. 나를 죽음의 지척까지 끌고 갔던 죄책감이, 이제는 지옥의 한복판에 나를 던져놓았다. 벗어나지도 못하게 사지를 단단히 동여매고는.

죄책감은 그렇게 계속된다. *죄책감의 영원성은 그 사람의 죽음으로 완성됐고, 이제는 나의 죽음도 그 죄책감을 끝맺*

지 못할 테니.

그렇게 너는 나의 슬픔이 되었다

"사는 건 원래 힘들어. 알고 있잖아."

"그게 나 때문인 건 싫어."

"그럼 기왕이면 네가 내 힘듦이 됐으면 좋겠어.
사람은 누군가의 기쁨이 되는 것보다 슬픔이 되는 게 훨씬
어려운 일이래.
더 깊고 단단한 관계라는 거겠지.
그러니까 지금 당장은 괜찮자, 우리."

죽어 마땅한 사람

내가 너에게 처음이었다는 것만으로도,

마지막이었다는 것만으로도

나는 죽어 마땅해.

원망은 없다

때로는 날 두고 먼저 떠난 이들이 원망스러울 때가 있다. 그들의 죽음이 나를 얼마나 고통스럽게 할지 알았으면서. 그들의 죽음이 나의 일상을 짓밟고 붕괴시킬 걸 알았으면서. 그들의 죽음이 나까지 죽음을 염원하게 만들 줄 알았으면서.

아니야, 아니야. 그들의 잘못은 없어. *원망은 구깃구깃 접어 저 멀리 던져버리고 새로운 종이를 펴 후회와 자책을 써 내려간다.* 그리고 그 종이를 씹어 삼킨다. 무겁고 절실했을 그 선택들에는 아무런 잘못도 없어. 대신 그 선택을 막지 못한 내가 다 잘못이야 하며.

원망은 없다. 미움도 없다. 그런 마음이 들 때마다 씹어 삼킨 후회와 자책을 되새김질한다. 떠난 이에겐 아무런 잘못도 없다. 그러니 그들은 아픔 따위 없이 행복하기만 하면 그만이다. 그들이 세상에 남겨두고 간 잘못은, 아픔은 남은 이가 모두 떠안고 있을 테니. 아, 남은 이의 고통은 이리도 크다.

안녕 없는 이별

안녕이란 말이 부재한 이별이어서 그랬을까.

너는 나의 부재를 이해하지 못했고,
나는 너의 부재를 인정하지 못했다.

%

당신의 죽음에
제 지분은 얼마나 있나요.

자살 시도 이력서 2

평온히 가라앉은
꽃 한 송이

매일을 죽음의 유혹에서 도망치는 삶이 얼마나 고통이었기에
누구나 한다는 순간의 후회조차 하지 못하고
소녀는 묵묵히 잠겨버렸을까.

그런 말이 있다. 투신자살을 시도하는 사람은 발을 떼는 그 즉시 자신의 선택을 후회한다고. 아무리 죽음이 간절했다 해도 그 순간만큼은 다시금 삶이 간절해진다고. 그래서 땅바닥 혹은 수면으로 곤두박질치는 동안 후회와 미련, 두려움에 안겨 있는다고.
하지만 나는 그러지 못했다. 누구나 한다는 순간의 후회조

차 하지 못했다. 그저 삶이라는 고통에서 벗어난다는 해방감과 평온함에 안겨 고요히 한강 물 아래로 잠기고 잠길 뿐이었다. 도대체 내 삶은 얼마나 큰 아픔이었기에 남들은 다 한다는 순간의 후회조차 하지 못하고 죽음을 묵묵히 받아들여야만 했던 걸까. 도대체 내 삶은 얼마나 처절하고 처참하고 처량했던 걸까.

유난히 추운 날씨처럼 사랑도 차갑게 얼어붙어 있었던 날, 사랑이 무너졌다. 늘상 무너져 내리던 것과는 달리 이번에는 그 바닥이 보이지 않을 정도로. 암흑이 너무 깊어 얼굴 바로 앞에서 손을 흔들어도 흐릿한 움직임조차 느껴지지 않을 정도로.

사랑이 무너지자 마침내 죽을 용기가 100%를 넘어섰다. 군데군데 빈틈이 있는 허접한 갑옷을 입고 죽음의 공포 앞에 무릎 꿇어야만 했던 지난날들과는 달리, 이번에는 빈틈 하나 없이 완벽한 갑옷을 입고 죽음의 최전선까지 걸어 들어가 당당히 공포와 맞설 수 있었다.

그렇게 죽을 태세를 갖춘 뒤, 곧바로 자살을 계획했다. 아르바이트를 그만두고, 보고 싶은 친구들을 만나고, 영정사진을 찍고, 유서를 쓰고, 적당히 날씨가 따뜻해지기를 기다려서.

그리고 4월의 어느 날. 따뜻해진 날씨가 괜스레 설렘을 가져다주는 봄날. 나는 그 설렘을 가지고 죽음을 향해 걸음을 내디뎠다.

D-day. 이전에 가본 적이 있었던 연남동의 술집에서 혼자 술을 마셨다. 곁에 있어 준 술 상대는 핸드폰과 간간이 들려오는 옆 테이블의 말소리, 그리고 사장님이 요리하는 모습밖에 없었지만 의외로 시간은 막힘없이 흘러갔다. 술을 마시면서 마무리 짓지 못한 유서도 끝마쳤다. 유서들을 모두 USB에 옮겨 담은 뒤, 내가 죽으면 확인해달라는 작은 쪽지도 가방 안에 함께 넣어두었다. 그렇게 모든 준비를 끝내고 난 다음에는 후련하고 기분 좋게 술을 마셨다.

죽음이 다가올수록 마음은 고요하고 평화로워지며, 때로는 활기에 가득 차기도 한다. 이미 삶에 대한 공포가 죽음에 대한 공포를 넘어섰을 때는 정말 그렇다. 모순적이게도 *삶에서는 죽기 위한 명분을 얻고, 죽음에서는 살기 위한 생명력을 얻는다.* 곧 죽을 수 있다는 확신만이(비록 짧은 시간이겠지만) 고통의 억압에서 벗어나 삶을 살아가게 하는 순수한 에너지를 준다. 그래서 모든 준비를 끝내고 죽음을 앞둔 그 순간, 나는 빛나는 생명력 안에서 온전한 평화를 누릴 수 있었다.

술기운이 슬슬 올라오자 준비해 온 수면제를 한 움큼 털어 먹고 서강대교로 향했다. 택시 기사님의 의심을 피하기 위해 다리 초입에서 멀찍이 떨어져 내렸을 때는 이미 약기운이 올라와 제대로 걷기조차 힘들었다. 몽롱하고 무거운 몸을 이끌고 다리 쪽으로 간신히 걷기 시작했을 때, 무언가 이상한 분위기가 느껴졌다. 분명 어둡고 적막해야 할 곳인데, 사람들로 시끌벅적 활기를 띠고 있었던 것이었다. 주위를 둘러보니 '여의도 벚꽃축제'라는 플랜카드가 눈에 띄었다. 그동안 코로나로 열리지 못했던 벚꽃축제가 몇 년 만에 열렸고, 축제를 즐기러 온 인파가 늦은 시간까지 북적거리고 있었던 거다. 아차 싶었다. 모든 게 계획대로 진행되고 있다고 생각했는데, 이런 것까지는 전혀 예상하지 못했다. 당황한 나는 일단 사람들을 피해 무작정 걷기 시작했다. '사람이 없는 곳으로 가야 해.'라고 중얼거리며.

그렇게 도착한 서강대교는 지금까지 보았던 것과는 어딘가 다른 분위기였다. 맞은편에 보였던 반짝이는 한강 다리도, 끔찍할 만큼 깊어 보였던 한강 물도 없었다. 그래서 나는 차가 쌩쌩 달리는 다리에서 반대편으로 뛰어 건너갔다. 차들의 경적 소리가 귀를 찌르듯 울려 퍼지고 짧은 머리카락이 눈앞을 가리며 공중에서 휘날렸지만, 그때의 난 이미 제정신이 아니었다. 한 걸음 한 걸음마다 정신을 한 뭉치씩 흘려가며, 죽음의 통로가 되어 줄 장소를 찾아 흐느적거리며 걸어갔다.

어떤 한강 다리든 입구 쪽은 강물이 가로등 불빛에 반사되어 반짝반짝 예쁘게 빛이 난다. 까만 한강 물 위에 박혀 흐르는 노란 윤슬이 참 아름답다. 하지만 그 아름다움은 죽음과 어울리지 않기에, 다리 한가운데로 이동해야 한다. 입구에서 멀어질수록 빛은 사라지고 강물은 암흑에 가까워진다. 이 정도 암흑이면 나를 집어삼켜도 전혀 티 나지 않겠구나 싶을 때 비로소 멈추어 선다. 분명 눈을 뜨고 있는데 눈을 감은 것마냥 어둡다. 고작 몇 걸음 걷지 않았는데, 노란 불빛이 아름답게 흐르던 한강 물은 죽음의 기운이 도사리는 지옥의 통로가 되었다.

난간에 가방을 걸쳐놓고, 어딘가에서 들려오는 사람들의 웃음소리를 배경음악 삼아 맞은편의 한강 다리를 쳐다보았다. 다리의 불빛이 반짝일 때마다 내 마음도 아릿하게 반짝이는 듯했다. 다리에서 뛰어내리기 직전, 나를 위로해 주는 건 그 이름 모를 한강 다리뿐이다. 그 찬란함과 대비되는 나의 초라함이 속상할 만도 하지만, 곧 죽을 사람에게 그런 것 따위가 무슨 상관이람.

그렇게 꼭 떠올려야 할 사람만, 순간만, 감정만 만끽하며 채 5분도 되지 않는 시간 동안 다리에 서 있었다. 그러다 '이제 뛰어내려야지.' 하는 각오가 들고 나서는 등을 돌려 난간을 넘었다. 그리고는 일말의 망설임도, 지체도 없이 한번에 손을 놓아버렸다. 어떤 용기였는지, 두렵지는 않았는지, 무슨 생각을 했는지, 아무것도 모르겠다. 마치 무언가에 홀린 듯 죽음으로 빨려 들어가는 것만 같았다.

머리 위에 있던 하늘을 정면으로 마주하고, 발밑에 있던 한강 물을 뒤로 등진 채. 나는 한강 물로 내리박혔다. 높이가 꽤 있었던 건지 떨어지는 동안 생각하는 게 가능했는데, 그때 난 '아직도 떨어지네.'라고 생각했었다. (지금 돌이켜 보면 소름 돋을 만큼 무덤덤했던 것 같다.) 연약하게 뜬 눈에는 어두운 밤하늘과 출처를 알 수 없는 빛 몇 개만 들어 왔고, 귀에서는 쿵쾅거리는 심장 소리와 날카로운 바람 소리만 들렸다. 입고 있던 롱 원피스가 몸을 감싸며 회오리치는 듯한 느낌이 들다가, 한강 물을 등진 자세로 '펑'과 '철썩' 사이 어딘가의 둔탁한 소리와 함께 수면에 부딪힌 뒤 물속으로 깊숙이 잠겨 들어갔다.

처음에는 본능적으로 숨 쉬고 싶다는 생각에 어떻게든 숨을 쉬려고 허우적거렸다. 그러다 점점 숨이 막혀오자, '그냥 이대로 죽어야겠다.'고 생각했다. 어차피 죽을 작정이었으니. 그래서 숨 쉬는 걸 포기한 채 온몸에 힘을 빼고 한강 물에 안겨 정신을 잃었다.

그렇게 얼마큼의 시간이 지났을까. 다시 정신이 들었을 때는 수면 위에 둥둥 떠 있었다. 술과 약기운에 취해 해롱거리는 정신을 간신히 붙잡고 주위를 둘러보았다. 하늘에는 별빛인지 가로등 불빛인지, 물기 때문에 흐릿하고 촉촉하게 보이는 빛들이 흩뿌려져 있었다. 그리고 방금 뛰어내렸던 서강대교의 아랫부분이 보였다. 삭막하고 어둡고 생명력이라고는 하나도 없는 시멘트 다리가.

어쩌면 미친 것처럼 보일지도 모르지만(그리고 정말로 나는 미친 게 맞다) 한강에 떠 있던 그 시간은 내게 평온 그 자체를 안겨주었다. 다리에서 떨어질 때 내 몸이 그 어디에도 닿지 않는 완전한 자유부터 나를 감싸안아 주던 포근한 한강 물까지.

주변은 조용했고, 한강 물이 철썩이는 소리만 간간이 들려왔다. 그 평화로운 고요가 방금 전까지의 절박함을 잠재우고 위로해 주었다. 손가락 끝에 닿는 한강 물은 영롱한 구슬처럼 맑게 느껴져 한참 동안 손가락을 굴리며 놀기도 했다. 밤하늘에서 촉촉하게 반짝이는 빛들은 이 비현실적인 장면을 아름답게 꾸며주는 듯했다.

정말, 모든 게 완벽할 만큼 평온했다. 죽음의 경계에 가장 가까이 다가간 그 순간, 나는 그 어느 때보다도 큰 위안과 기쁨을 얻을 수 있었다. 그때, *꽃무늬 원피스를 입고 한강 물에 떠서 하늘을 하염없이 바라보던 그때처럼 평온하고 포근한 순간이 또 있을까 싶을 만큼.*

그렇게 몇 분을 떠 있었을까. 갑자기 뒤가 소란스러워졌다. 나를 비추는 강렬한 불빛, 긴박한 대화가 오가는 확성기 소리, 이미 익숙한 사이렌 소리, 출렁이는 한강 물. 수상 구조대가 온 것이다. 구조대가 왔을 땐 의외로 아무 생각도, 감정도 들지 않았다. 원망, 아쉬움, 안도감, 기쁨 그 어떤 것도. 그저 시체처럼 그들의 손에 이리저리 옮겨 다닐 뿐이었다.

구조대원들은 나와 거리를 살짝 두어 보트를 세우고는 곧바로 헤엄을 쳐 왔다. 그들에게 질질 끌려가면서 우습게도 벗겨지는 신발 걱정을 했다. 신발을 주워 달라고 말하려다가, 내가 생각해도 민폐인 것 같아 단념했다. 이들은 나를 살리려고 아등바등하고 있는데, 나는 고작 벗겨진 신발 걱정을 하고 있다니. 나에게 내 목숨은 신발만도 못한 것이었다.

구조 과정은 혼란 그 자체였다. 이미 술과 약에 절여져 있는 상태에서 강한 불빛에 눈도 제대로 뜨지 못하고 소리치는 사람들 틈에 둘러싸여 있었으니. 세상이 빙빙 돌고 모든 게 물기에 젖은 빛의 조각으로 보였다. 사람들의 외침과 사이렌 소리는 분별되지 않은 채 한 덩어리로 뭉쳐져 귀 입구 언저리에서 웅웅 울리기만 했다.

기억나는 장면은 물에서 보트로 옮겨져 한강을 달린 다음, 들것에 눕혀져 철계단을 올랐다가 그대로 땅에 누여졌다는 것. 누군가가 마스크를 씌워줬고, 올라간 치마를 정리해 줬고, 이불을 덮어줬고, 플래쉬를 터트리며 사진을 찍었다는 것(이 사진을 왜 찍었는지, 어디에 사용하는지는 아직까지도 의문이다). 또 경찰인지 구조대원인지 모를 사람이 내 신상을 계속해서 물었다. 온몸에 퍼진 약기운에도 불구하고 나는 간신히 실눈을 뜨고 주위를 살피며 답을 하려고 애썼다. 어차피 구조가 되어버린 마당에, 빠른 협조를 통해 자살 시도를 실패했다는 이 지긋지긋하고 축축한 비참함에서 벗어나자는 심보였다.

주변에는 처음에 나를 발견한 수상 구조대뿐만 아니라 경찰과 119 구조대원까지 와 있었다. 각자의 사이렌을 휘황찬란하게 뽐내며. 고작 나 하나 살리자고 이렇게 많은 사람들이 온 건가 싶었다. 나에게는 신발만도 못한 내 목숨이, 이들에게는 그렇게 중요한 건가.

경찰관이 서강대교 위에서 찾아온 가방 속 신분증과 내가 간신히 내뱉은 신상정보로 부모님께 연락을 드리는 동안, 구조대원들은 바로 갈 수 있는 응급실을 찾느라 근처 병원에 바쁘게 전화를 돌렸다. 그동안 나는 희미해지는 정신줄을 겨우 붙잡고 바닥에 누워 눈만 끔뻑이고 있었다. 분주하게 움직이는 사람들의 혼란 속에서 온갖 자극을 소화시키느라 가만히 누워 있어도 온몸이 붕 떠 있는 것만 같았다. 방금 전까지의 평온은 흔적도 없이 사라져 먼 과거가 되어버렸고, 지금의 혼란이 현실을 일깨워주는 듯 나를 정신없이 흔들어댔다. 몸서리날 만큼 기분 나쁜 현실이었다. 나는 그 현실의 한복판에 눕혀진 채, 눈을 감았다 뜨면 이 모든 상황이 끝나 있기를 바랐다. 하지만 현실은 나를 놓아주지 않았다. 나는 그 과정을 하나하나 겪으면서 자살 시도에 실패했다는 비참함과 초라함에 젖어 덜덜 떨고 있어야만 했다.

많은 곳에 전화를 했지만 대부분의 응급실이 이미 다 차서 받아주는 곳이 없었다. 간신히 가능한 곳을 찾아냈지만 거리가 꽤 있었다. 병원이 정해진 뒤에는 땅바닥에서 구급차 안으로 옮겨졌고, 곧바로 병원으로 출발했다. 그때 내 곁에 있어 주었던 구조대원님은 젊은 여성분이셨는데, 내가 약기운에 정신을 잃으려고 할 때마다 계속 말을 시키고 얼굴을 만지면서 나를 깨워주고는 했다. 그 덕분에 잠에 들지 않고 흐리멍덩한 정신으로 병원까지 갈 수 있었다. 눈부실 만큼 하얗던 구급차 안에서 소름 끼치는 사이렌 소리를 들어가며.

병원에 도착해 의료진들에게 인계된 뒤에도 혼란은 가시지 않았다. 눈을 뜨면 어지러이 돌아가는, 온통 하얗고 눈부신 빛의 나락에, 눈을 감으면 아무것도 보이지도 들리지도 않는 아득하고 깊은 바다에 던져진 것만 같았다. 몰아치는 약기운을 어찌하지 못하고 병원 침대 속으로 끝없이 매몰되다가, 나를 깨우는 의료진들의 외침에 화들짝 놀라 가까스로 정신을 붙잡고는 했다.

응급실에 들어가자마자 간호사 4~5명이 곁에 붙어 바쁘게 움직였다. 그 움직임을 따라 물에 젖은 옷을 겨우겨우 벗어 환자복으로 갈아입고, 정체 모를 것들을 몸에 한가득 달고, 필요한지 의심 가는 검사들을 계속해서 받았다. 약기운에 취해 있는 와중에도 "이 검사들을 다 받아야 해요?" 하고

웅얼웅얼 물어보았는데, 그때 간호사 한 분이 "환자분이 뛰어내리신 곳 높이가 21m예요. 거기서 뛰어내렸는데 당연히 받으셔야죠."라고 했다. (아파트 7~8층 높이라고 한다.) 그 이후에는 입을 닫고 얌전히 검사를 받을 수밖에 없었다.

그렇게 응급실에서 약기운에 취해 꼬박 하루 넘게 잠에 들었다 깬 뒤, 검사 결과는 꼬리뼈만 골절이고 다른 곳은 모두 정상이라는 진단이 내려졌다. 떨어진 직후에는 아픈 걸 느끼지 못했는데, 병원에 누워 있을수록 통증은 점점 더 심해졌다. 하지만 꼬리뼈 골절은 병원에서도 처치해 줄 수 있는 게 없이 붙을 때까지 기다려야 했기에, 기존에 다니던 대형병원 정신과에서 진료를 받는 조건으로 퇴원을 하고 집에 돌아갔다. 그리고 며칠 뒤, 병원 진료에서 안정(폐쇄) 병동 입원이 결정됐고, 약 한 달 반가량의 긴 시간 동안 여섯 번째 입원 생활을 하게 됐다.

나의 우울 기록

1. 당신을 가장 아프게 했던 사랑은 어떤 사랑이었나요?

　

2. 첫사랑을 떠올릴 때 가장 먼저 떠오르는 장면은 무엇인가요?

　

3. 당신이 가장 그리워하는 기억은 어떤 기억인가요?

　

4. 당신은 어떤 순간에, 어떤 이유로 외로움을 느끼나요?

3부

끝내 나를 지우기로 했다

삶의 마침표 앞에서 전하는 인사

내가 꿈꾸는 엔딩,
그곳은 따뜻하고 포근할 거야

    나는 어떻게 죽든 예쁘게 죽고 싶다. 내 마지막 모습을 보고 사람들이 눈살을 찌푸리는 일은 절대 없었으면 한다. 내가 생(生)을 사는 동안은 멀쩡한 인간처럼 살지 못했더라도, 사(死)로 가는 순간만큼은 인간의 존엄성과 아름다움을 지키며 떠나고 싶다.

    언젠가부터 포근한 한강 물에 '안기고' 싶었다. 한강이 포근해 보인다는 생각이 처음 든 건 고등학생 때였다. 그때는 낮이었는데, 잔잔하게 흐르는 한강 물의 윤슬이 예뻐 보이고 위로가 됐나 보다. 그때부터 나는, 나를 진심으로 이해하고 나 자체를 온전하게 안아 줄 존재는 한강밖에 없을 거라고 생각했다.

 그래서 내가 꿈꾸는 엔딩. 먼저 술을 왕창 마시고 취한 뒤 수면제 몇십 알을 먹는다. 술과 약에 취해 해롱해롱한 상태로 한강에 도착해 다리 한가운데로 걸어가 난간 앞에 선다.
 난간을 넘는 건 쉽다. 몸을 넘긴 후 발을 디딜 수 있을 정도로 난 아주 작은 틈에 걸터앉는다. 손가락 하나로 다리 난간에 위태롭게 매달린 채, 주위를 찬찬히 둘러보며 마지막을 함께해 줄 존재들을 하나하나 눈에 담는다.

 발아래에선 칠흑같이 어두운 물결이 조용히 찰랑거리고, 고개를 살짝 들면 이름 모를 한강 다리가 나를 위로하듯 반짝이고 있다. 아득히 먼 곳 어딘가에서는 생명력으로 가득 찬 사람들의 말소리가 안개처럼 자욱이 들려온다. 기분 좋게 얼굴을 간지럽히는 바람의 청량함, 허공에 자유로이 떠 있는 다리의 해방감, 손가락에 닿는 난간의 시원함, 쏜살같이 지나가는 자동차 소리의 비현실감, 약기운이 가져다주는 묘한 설렘. 그 평온하고도 기이한 순간을 만끽하며 지난 삶을 떠

올린다. 비록 아프고 또 아픈 삶이었지만, 그래도 어쩌면 좋았던 순간이 있었을지도 몰라 하며. 그러다 떠올릴 기억이 바닥나면 누군가가 나를 발견하고 구하러 오기 전에 가까스로 걸쳐 놨던 손가락을 놓는다.

그렇게 포근한 한강 물에 안겨 밑으로, 밑으로 잠긴다. 숨이 막히는 그 몇 초만 참으면 돼. 그러면 나는 해방될 수 있어. 가라앉고 가라앉다 강물이 내 몸을 휘감아 아무도 나를 발견할 수 없게 될 때, 나는 꿈꾸던 엔딩을 맞게 된다.

이게 내가 꿈꾸는 자살이다. 그 따뜻하고도 포근한 한강 물에 안겨 나는 몸을 웅크리고 비로소 진실된 미소를 흘려보낼 것이다.

이런 생각들을 하면 모순적이게도 마음이 든든하고 풍족해진다. 믿음직스러운 보험을 들어놓은 것 같다고 해야 할까. 인간은 자신이 언제, 어떻게 죽을지 몰라 죽음을 두려워한다. 하지만 나는 그걸 아는 걸 넘어서 내가 원하는 대로 정해두었다. 게다가 나의 엔딩은 해방감까지 가져다 줄 테니, 어쩌면 이건 나만 가질 수 있는 특권일지도 모르겠다. 그동안 고통 속에서 아파하느라 고생했다며 주는, 단 하나 생의 기념품.

낙하(落霞[7])의 낙하(落下[8])

저녁놀과 마주 선 휑한 너의 곁을,
매섭지만 따뜻한 바람이 감싸주고

지난한 세월 동안
네 목을 조르고
네 목숨을 앗아간 상처들은,
너와 함께 추락해 산산조각나 사라지게 될 거야.

그 마지막에 올려다본 하늘은
처절한 아름다움으로 널 위로해 주겠지.

그럼 이제 되었어.
불쌍한 두 눈을 감고
오랫동안 평안의 품에 안겨 있자.

---

7 낙하(落霞): 낮게 드리운 저녁노을.
8 낙하(落下): 높은 데서 낮은 데로 떨어짐.

벚꽃

질 때도 사랑받는 벚꽃처럼
나도 아름답게 지고 싶어라.

끝이 있는 걸 알기에

그럴 때가 있지 않은가. 곧 다가올 미래에 끝이 있는 걸 알기에 현재의 고통을 버틸 수 있는 때. 나아가 이런 시련 따위는 충분히 이겨낼 수 있다며 여유로운 웃음을 지어 보일 수 있는 때가.

가령 퇴근, 방학, 졸업과 같이 말이다. 우리는 퇴근 시간이 정해져 있는 걸 안다. 그리고 그 시간이 곧 올 것을 확신하기에 힘든 업무를 기꺼이 참아낸다. 끝이 정해져 있고, 틀림없이 그 끝이 도래할 것을 알면 고된 일도 버텨낼 수 있게 된다.

내게 삶이 그랬다. 죽음이라는 *끝이 정해져 있기에 삶이라는 고통을 버텨낼 수 있었다.* 내가 짊어지고 있는 이 아픔이,

절망이, 시련이 곧 다가올 죽음으로 인해 끝날 것임을 알기에 살아낼 수 있었다.

 모순적이게도 확정된 죽음은 삶을 살아가게 하는 원동력이 됐다. 죽기 위해 살아갈 수 있었고, 그래서 살아냈다. 기약 없는 고통의 억압 속에서 처참하게 으스러진 삶과는 달랐다. 같은 깊이의 고통이라 해도 그 '마감일'이 정해진 삶. 그리고 삶이라는 고통에서 벗어나 죽음을 통해 해방될 수 있다는 믿음은, 남은 삶을 살아가게 하는 순수한 에너지를 주었다. 그렇게 죽음을 향해 내디딘 한 발자국 한 발자국이, 결국은 삶을 살아가게 하는 한 발자국 한 발자국이 되었다.

 실제로 내 삶이 그랬다. 우울에 압도당해 침대 속으로 끝없이 매몰되는 일도, 몰아치는 불안에 주저앉아 숨을 헐떡이는 일도, 감당할 수 없는 충동에 새로운 상처를 손목에 그리는 일도, 고달픈 현실에 수면제를 한 움큼 털어먹고 눈물 속에서 눈을 감는 일도. 전부 천천히, 그러나 확연히 줄어갔다.

십여 년째 정신병에서 벗어나지 못하는 삼십 대 초반의 낙오자. 그 낙오자에게 꽂히는 온갖 탐탁지 않은 시선과 압박에서도 조금은 자유로워질 수 있었다. 곧 죽을 나에게 취업이나 독립 따위는 전혀 고민거리가 아니니까. 확정된 죽음은 삶에 맞서는 굳건한 용기와 여유까지 선사해 주고는 했다.

  내 삶은 죽음이라는 전제조건 안에서만 존재할 수 있었다. 죽음이 없었다면, 삶이라고 명명할 수 있는 티끌의 순간조차 없었을 것이다. 그저 참혹한 고통에 흠뻑 젖어 가라앉고 가라앉다, 아무도 모르는 새에 사라져 버렸을지도 모른다.

  곧 다가올 미래에 끝이 있는 걸 알기에 현재의 고통을 버틸 수 있는 것. 곧 다가올 미래에 죽음이 있는 걸 알기에 현재의 삶이라는 고통을 버티며 살아가는 것. 이게 지금 내가 살아갈 수 있는 유일한 이유다.

물결

내가 네 삶에 아주 작은 물결이라도 만들어버린다면.
그 물결에 무게가 실려 파도가 되고
그 파도가 결국 네 삶을 삼켜버린다면.

무기력의 끝

 무기력이 나를 짓눌러 아무것도 할 수 없을 때. *결국 그 무기력에 몸살을 앓아 몸져누울 때.* 나는 멍하니 눈만 깜빡이며 생각한다. 이 무기력의 끝은 어디일까. 나는 이 무기력을 깨뜨리고 세상 밖으로 나갈 수 있을까. 나는, 살아남을 수 있을까.

 무기력은 나와 매일을 함께 한다. 그것은 작은 방 안에 가득 차 산소를 밀어내고, 애써 숨을 쉬려는 내 몸부림을 결박한다. 손가락을 까딱할 수도, 눈을 깜빡일 수도, 자세를 고쳐 누울 수도 없다. 그 어떤 움직임도 내게는 허락되지 않는다.

몰아치는 무기력의 비바람에 온몸이 흠뻑 젖는다. 비를 한 가득 머금은 옷의 무게에 쓰러지듯 누워 일어나지 못한다. 기분 나쁜 축축함에, 으슬으슬거리는 몸을 힘껏 웅크려보지만 비바람을 피할 수는 없다. 방구석에 누워 자포자기한 채 쏟아지는 비바람을 묵묵히 맞서는 것이 삶이라고 부를 수 있는 내 노력의 전부이다. 비는 쓰러져 있는 내 몸을 중심으로 물웅덩이를 만든다. 나는 그 커다란 웅덩이 안으로 점점 더 깊이 빠져들어 간다. 그러다 언젠가는 내 숨통마저 빗물에 잠길 때가 오겠지. 나는 또 묵묵히 그때를 기다린다.

무기력은 몸뿐만 아니라 정신까지 결박하고는 한다. 시끄럽게 뛰어다니던 생각들이 무기력 앞에서는 꼼짝하지 못하다가 이내 한곳에 멈추어 굴복한다. 그렇게 나는 생각이 멈추어 선 곳, '비관'에 정체되어 끝없는 좌절에 빠지게 된다.

무기력의 강력함 앞에서 나는 언제나 패배한다. 그 대가로 나는 사회에서 버려지고 도태된 외로운 시체가 되었다. 방구석에 처박혀 온몸의 피가 빠져나가는 듯한 무력감을 감당해야 하는, 무기력에 짓눌려 욱신거리는 고통을 견뎌내야 하는 그런 시체 말이다.

방 한구석에 있는 침대에 누워 굳게 닫혀 있는 방문을 바라본다. 언젠가 나도 저 문을 열고 세상 밖으로 나갈 수 있을까. 아니, 이 결박을 풀고 몸을 일으킬 수는 있을까.

되묻다 기어이 깨달았다. 무기력, 그 끝은 죽음이라고.
무기력은 이 삶이 끝나는 날, 나와 함께 끝이 날 것이다. 결국 내 목숨이 다해 기력이 무(無)가 되었을 때, 나를 짓누르던 이 무(無)기력도 사라질 것이다.

그러니 얼른 사라지자. 무기력에서 벗어나 나의 기력을 찾으러. 그 끝, 죽음을 향해.

쿵쾅쿵쾅

괴로운 시간들 속에서 응어리진 감정들이
머릿속을 시끄럽게 뛰어다녔다.

빈 방

고요는 쉽게 공허가 되곤 한다.

기특한 아이

내가 기억하는 유년 시절의 나는 사랑이 크게 필요하지 않은 아이였다. 정확히 말하자면, 사랑을 충분히 받을 수 없는 환경에서 자랐다. 아빠는 바빴고, 엄마는 아팠고, 동생들은 어렸다. 각박한 세상 속에서 부모님 사이도 계속해서 나빠졌다. 어린아이에게 필요한 사랑은 충분치 않았고, 나는 사랑의 결핍을 받아들이고 익숙해져야만 했다. 주어지지 않을 사랑을 갈망하는 것보단 포기와 인정이 더 안정적으로 느껴졌으니까. 가족이 살아남기 위해서는 내가 강해져야 했다. 아이처럼 사랑을 바라며 부모님께 앙탈을 부릴 여유가 없었다.

엄마는 대수술을 할 정도로 아팠고, 어린 우리를 제대로 돌봐 줄 수 없었다. 그래서 나는 학교에 다니다가 방학이 되면 친척 집을 전전하곤 했다. 동생들은 몸이 약해서 엄마와 함께 지낼 수 있었다. 비교적 건강한 나만 할머니, 이모 집 등에서 얹혀살아야 했다.

어린 내가 가족과 떨어져 지내야 한다는 게 결코 쉬운 일은 아니었다. 하지만 참아야 했다. 싫은 티를 낼 수는 없었다. 깜깜한 밤, 홀로 훌쩍이며 외로움과 불안을 삭이는 것이 가족을 위해 할 수 있는 희생과 사랑이라 생각하며 견뎌냈다.

하지만 어린아이가 혼자 버텨야 하는 밤은 너무나도 어둡고 무서웠다. 칠흑같은 어둠 속에서 눈을 뜨고 있으면 눈이 마주치는 모든 사물들이 끈적이는 초록색 괴물처럼 보였다. 그 괴물은 자신의 존재를 과시하며 꿈틀거리고는 했다. 공포와 무력감에 압도당해, 나는 이불을 끌어안고 눈을 질끈 감을 수밖에 없었다. 다시 눈을 뜨면 괴물이 내 눈앞에 와 있을 것만 같아서, 그 숨결이 얼굴 바로 앞에서 느껴져도 아무것도 하지 못했다. 그저 기를 쓰고 눈을 감은 채 잠이 오기만을 기도했다.

   고작 초등학생이었다. 밤의 괴물 앞에 홀로 서 있기에는 너무도, 너무나도 어린아이였다.

   그러는 동안에도 학교에서는 모범생으로 불렸다. 좋은 성적을 유지하면서 매번 회장, 부회장을 도맡아 했고 친구들과 사이도 좋았다. 어른들은 내게 대견하다고, 똑 부러진다고, 밝고 기특하다고 수도 없이 좋은 칭찬들을 해줬지만 내 속은 달랐다. 사랑이 필요한 시기에 사랑 없이 홀로 우뚝 서야 한다는 게 고달프기만 했다.

   그래서 그랬을까. 너무 일찍 철이 들어버렸다. 그때 했던 다짐이 아직까지도 선명하다. '가족들 앞에서는 절대 울지 말아야지. 내가 울면 가족들이 무너질 거야.' 이 안쓰러운 다짐이 나에겐 얼마나 필사적인 것이었는지, 나는 지금까지도 가족들 앞에서 울지 못하고 있다. 그렇게 가족들, 나아가 주변 사람들에게 기대지 못하고 홀로 버티며 서 있는 것. 이 가련

한 인생관이 어른들이 입이 닳도록 얘기했던 '기특한 아이'의 불운한 결말이다.

무엇이든 혼자서 잘 해내고 똑똑했던 그 기특한 아이는 이제 약 없이는 잠도 자지 못하고 일상생활이 불가능한 환자가 되었다. 낙오되고 도태되어 멀찍이 앞서가는 사람들의 뒷모습만 쓸쓸히 바라보는 잉여인간이 되었다. 병의 그림자에 갇혀 외따로 주저앉아 한 발자국도 나아가지 못하는 불구가 되었다. 기억을 잊어버리고 사랑을 잃어버린, 상실과 결핍의 세계에서 방황하는 부랑자가 되었다.

가끔 그런 생각을 한다. 그때, 그 어렸을 때. 부모님으로부터 내게 절실했던 사랑을 받을 수 있었다면 어땠을까 하고. 혹은 내가 조금 더 아이다웠다면. 가족을 지켜야 한다는 책임감에서 얼마간 멀어져 있었다면. 그럼 내 삶도 조금은 반짝일 수 있지 않았을까.

그렇게 결국, 그 기특한 아이는 자라지 못한 채 '가엾은 아

이'로 남아버렸다. 어스름 속에서 과거만 더듬거리다 후회와 설움만 쥐고 돌아오는, 그런 아이로 말이다.

마음을 달래다

세상에서 흔히 말하는 '마음을 달래다'와
안정(폐쇄) 병동에서 말하는 '마음을 달래다'에는 다소 차이가 있다.

몰래 들여온, 혹은 어떻게든 만들어낸 자해 도구로 온몸을 찢어발기고 싶은 충동을 달래야 하고,
작은 예민함에서 시작해 비정상적으로 커진 공격성을 달래야 하고,
매일 밤 암흑 속에서 쫓기는, 형체도 대상도 없는 공포를 달래야 하고,
가슴에 머물던 것이 식도를 타고 올라와 결국 숟가락을 내려놓게 하는 불안감을 달래야 하고,
창문에 걸터앉아 아래를 내려다보며 '어디에 떨어지면 가장 예쁘고 확실하게 죽을 수 있을까?' 하는 헛된 희망을 달래야 하고,

친구의 적나라한 고통과 신음을 그저 멀리서만 바라볼 수밖에 없는 무력감을 달래야 하고,

출처 없는 우울에 빠져 시체처럼 누워있다 침대를 뒹굴며 스스로에게 내리꽂는 죄책감을 달래야 하고,

온 시간을 함께 하며 정든 친구를 세상으로 보내야 할 때의 속상함, 안타까움, 축복과 응원의 기묘한 감정을 달래야 하고,

환자1, 환자2, 환자3이 되어 줄지어 약을 먹고, 우리의 끔찍한 고통이 누군가에겐 그저 업무일 뿐이라는 허무함을 달래야 한다.

태어나줘서 고마워

생일. 세상의 모든 축하와 설렘, 즐거움을 나만의 것으로 만들어도 된다는 묵시적 허가가 떨어지는 하루. 아름다운(그 날만큼은 아름다워 보이는) 세상이 나를 위해 존재하는 것만 같은, 기분 좋은 착각에 빠질 수 있는 하루. 반짝이는 빛과 향기가 어디를 가든 따라붙어 특별함을 더해주는 하루. '태어나줘서 고마워.'라는 말을 인사말처럼 듣게 되는 하루. 대부분의 사람들이 기대하는 생일이란 바로 이런 하루일 것이다.

나는 생일이 끔찍이도 싫다. 덥고 축축한 6월 말. 생일은 내게 일 년 중 가장 외롭고 암울하고 두려운 날이다. 생일이 다가올수록 비상약을 하루 최대치로 먹어도 부족할 만큼 불안감, 자해 충동, 자살 사고가 심해진다. 팔목에는 피가 마를 날이 없다. 이미 그을 만큼 그어서 더 이상 상처를 낼 곳도 없는데, 어떻게든 빈자리를 찾아 칼심을 가져다 댄다. 어떤 날은 움직일 기운도 없어 시체처럼 누워만 있다. 우울이 온몸을 짓눌러 침대 깊숙한 곳으로 나를 파묻어버리면, 더 이상 가라앉지 않기 위해 이불을 꼬옥 쥐고 버텨내야만 한다. 매일 밤 방 안의 어둠과 공백을 견디지 못해 술을 들이켜고, 취한 속에 수면제를 때려 붓고는 눈물과 함께 간신히 잠에 든다.

생일이 다가오기 며칠 전부터 나는 짜증, 우울, 불안 덩어리가 되어 굴러다닌다. 어쩌다 그 덩어리와 잘못 부딪히는 사람은 이유도 모를 신경질과 절망감을 나눠 가져야만 한다. 그땐 나 자신을 살피는 것만으로도 벅차서, 남들에게 해서는 안 될 짓을 해도 자각하지 못하는 경우가 비일비재하다. 생일이 지나고 나서야 미루어 두었던 사과를 하고 덩어리를 회수하며 자괴감에 빠지는 것이 내가 유일하게 질 수 있는 책임이다. 억울한 악순환이지만 어쩔 수 없다. 말 그대로 나는 병 덩어리가 되어 '굴러다니기' 때문에 방향과 속도 조절이 되지 않는다. (나조차도 어떤 좌절과 절망, 슬픔, 분노에 빠지게 될지 알 수 없다.) 관계는 망가지고, 나는 내 존재 자체를 더욱더 증오하게 된다.

언제부터 생일을 혐오하게 되었을까 돌이켜 보면, 또 어김없이 고등학생 때다. 생일을 싫어했던 까닭은 단순했다. 세상에 태어난 게 끔찍하게 싫어서. 생일은 이 지독한 고통 속에서 살게 만든 날이니까. 삶이라는 지옥 속에 마음대로 나를 던져놓고, 매일을 죽음의 고통과 죄책감 속에서 버티라고 만든 날이니까. 생일은 나에게 저주와도 같았다.

태어났다는 이유만으로, 존재한다는 이유만으로 죄책감을 가질 수밖에 없는 삶의 불행을 이길 불행이 있을까. 태어나지만 않았다면 겪지 않아도 될 통증이었다. 무릎 꿇지 않아도 될 공포의 순간이었다. 흘리지 않아도 될 눈물이었다. 책임지지 않아도 될 죄책감이었다.

태어나지만 않았다면, 살아내지 않아도 될 삶이었다.

이런 나와는 달리, 감사하게도 내 생일을 잊지 않고 축하해주는 사람들이 많다. 모두 나의 탄생을, 삶을 축하해 준다. 그 하루가 즐거움과 행복으로 가득 차길 빌어 준다. 그런 그들을 실망시키지 않기 위해, 나는 애써 웃으며 고맙다는 말을 전하고 나서야 뒤돌아 참았던 숨을 몰아쉰다. 그리고 조금씩 허물어진다. 아니야. 오늘은 축하해야 하는 날이 아니야. 오늘은 내게 저주야. 행복할 수 없는 날이라고. 혼자 중얼중얼거리면서.

나도 언젠가는 온전히 내 생일을 받아들일 수 있을까. 생일을 특별한 날로 여겨 설레고 즐거운 하루를 기대할 수 있을까. 사람들의 생일 축하에 진심으로 함박웃음을 지어 보일 수 있을까. 나도 스스로에게 이런 말을 해 줄 수 있을까. '생일 축하해. 태어나줘서 고마워. 그러니 다 괜찮아.'라고.

하지만 사실 그럴 일이 없다는 건 내가 제일 잘 안다. 태어나지 말았어야 하는 존재는, 마땅히 사라져야만 하기에.

엄마

당연하게 품어주는 사랑은 무시하고
닿지 못할 사랑의 품만 쫓는다.

그 뒤를 헐떡이며 따라오는
마땅한 사람은,
성치 못한 사람은
보지 않은 채.

악역의 결말

그런 질문을 끝없이 되물었다. 왜 나만. 왜 하필 나만. 왜 항상 나만 이렇게 살아야 하느냐고.

질문이라고 하기도 민망한, 고작 하찮은 절규일 뿐이었다. 누구에게도 닿지 못할 침묵의 아우성일 뿐이었다. 그 절규의 물음표는 어디로 향할지 도통 갈피를 잡지 못하고 헤매다가, 결국 공기 중으로 허무하게 흩어져 사라졌다. 누구라도 들어주길, 누구라도 그럴듯한 대답을 들려주길 바라며 힘겹게 내뱉은 절규였는데. 그 어디에도 돌아오는 대답은 없었다.

사랑으로 묶인 남녀관계는 유한하고, 그 관계에 금을 긋는 건 결코 한 사람만이 아니다. 두 사람 모두에게 잘못과 책

임이 있다. 경중의 차이에 따라 누가 더 나쁜 사람으로 기억되는지 정해질 뿐이다. 그런데 내 지난 연애들은 어딘가 이상하다. 관계에 금을 긋는 건 항상 나 혼자였다고 한다. 눈치챌 틈도 없이 생긴 왜곡과 원망은, 뒤늦게 변호하려는 내 입까지 막아버렸다.

왜 항상 나만 나쁜 사람이 되는 걸까. 연인 혹은 이성관계(주로 남자 쪽에서의 일방적인 애정)에서 나는 언제나 나쁜 사람이었다. 어느 날 관계가 어긋나고 있다는 걸 인지하고 주위를 둘러보면, 함께 걷던 이는 이미 떠나고 내 곁엔 아무도 없었다. 어느샌가 나쁜 사람이 되어버린 나만 덩그러니 남아 있을 뿐이었다.

그리고 그 나쁜 사람은 세상 모든 사람들이 자신을 둘러싸고 있는 환시 속으로 등 떠밀려 떨어졌다. 그들은 억지로 나를 끌고 와 무릎 꿇게 만들었다. 모두가 내게 욕하고, 비난이 가득 담긴 눈으로 노려보고, 손가락질하며 질책하고 있었다. 나는 영문도 모른 채 그들을 올려다보며, 도대체 나는 언제부터 나쁜 사람이 된 건지 되짚어봐야 했다.

분명히 나도 상처받았는데. 내가 받은 상처는 논외였다. 나는 이 이야기에서 '악역'일 뿐이니까.

악역이 받은 상처는 이야기에서 그다지 중요하지 않다. 하나하나 알려 줄 필요도 없다. 악역의 상처를 세심히 다루면, 사람들은 동정심을 가지게 될 테니까. 그럼 악역은 악역이 아닌 게 되어버리니까.

그러니 언제나 주인공이 받은 상처만 중요하다. 특히 주인공이 악역에게 받은 상처. 이야기 안에서 상처로 아파하고, 불쌍해 보여야 하는 건 오직 주인공뿐이다. 악역은 아플 권리도, 자격도 없다. 더 나아가 그 상처를 극복하는 모습을 보여주며 응원받는 것도 주인공이다. 악역의 상처는 등장조차 하지 못하는데, 그 상처를 극복하든 말든 사람들에겐 전혀 관심거리가 아니기 때문이다.

문제는 악역도 악역이 되기 전엔 주인공이 될 수 있었다는 것. 악역이라는 그릇된 명명 때문에 드러나야 했던 상처들이 묻히고 곪아버렸다는 것. 사람들이 정말로 관심을 가져야 했던 상처는, 어느 날 갑자기 악역이 되어버린 억울한 이의 상처였다는 것이다.

그리고 도대체 그 악역이라는 역할은 누가 정한 건지. 혹시 주인공은 아니었는지. 자신이 주인공인 이야기를 위해 악역을 만들고 그걸 들키지 않기 위해 악역의 상처를 덮어버린 것은 아닌지. 진짜 악역은 누구였는지. 사람들은 그걸 알아야만 했다. 어쩌면 정말 불쌍한 사람은, 상처의 존재 자체를 부정당하고 그것을 극복할 자격 따위도 가지지 못한 악역이었을지도 모른다.

악역이 받은 상처는 그렇게 지워졌다. 그들에게, 세상 사람들에게, 모두에게 잊혔다. 하지만 나에게는 잊히지 않았다. 상처는 내 심장에 꽂혀 곪고 곪아가며 내 목숨을 갉아먹었다. 누구라도 붙잡고 아프다고, 서럽다고 들어달라 애원하지도 못했다. 악역이라는 낙인은 그 어떤 것도 허락해 주지 않았다. 상처를 드러내는 것도, 아파하는 것도, 억울함을 토로하는 것도, 관계를 끊고 도망치는 것도. 그래서 나 홀로 숨기며 아파해야만 했다.

그리고 인정했다. 아니, 그런 척해야 했다. 다 내 잘못이라고. 내가 나쁜 사람이라고. 그럴 수밖에 없었다. 이미 악역으로 낙인찍힌 상황에서 발버둥 칠수록 '자기 잘못도 인정하지 못하는'이라는 낙인만 하나 더 붙을 테니까. 그것마저 가지게 되면 더 이상 버틸 수 없을 것 같아 무얼 잘못했는지 제대로 알지도 못한 채 인정하고 용서를 구했다. 내가 받은 상처는 나에겐 영원히 지워지지 않을 걸 알지만 세상에서 지우기로 했다.

악역은 그렇게 아무도 봐주지 않는 골목 그림자 속에서 상처를 키워갔다. 그리고 억울함에 고통스레 바닥을 뒹굴며 물었다. 왜 항상 나만 나쁜 사람이 되어야 하냐고. 왜 내 상처는 드러나지 못하고 지워져야 하냐고. 왜 내 입만 막아야 하냐고. 차라리 시시비비를 가려 누구의 잘못이 더 큰지 가려보고 싶다고. 나도 내게 상처 준 저 사람을, 제대로 알지도 못하고 내게 낙인찍은 사람들을 탓하고 싶다고. 왜 내 삶은 무너져야만 하냐고. 왜 나만. 도대체 내가 뭘 그렇게 잘못했길래.

억울함을 진정시키고 가만히 누워 저 수많은 질문과 원망들을 곱씹다 보면, 결국 하나의 정답에 도달한다. 그냥, 나니까 그런 거다. 나는 애초에 그렇게 생겨 먹은 채로 태어나서 그런 삶을 살 수밖에 없었던 거다. 정해져 있던 악역이고 비극이었다. 시작부터 잘못되었으니, 그 어떤 몸부림도 소용없었을 거다. 나는 원래부터 나쁜 사람이었던 것이었다.

결국 나는 또 이렇게 내 탓만 한다. 그런데 어쩌면 차라리 이러는 편이 더 나을지도 모른다. 그래야 나라는 존재가 없어지면 이 불행도 쉬이 끝날 테니. 정답은 내가 죽어야 나오는 것이었다. 이제는 더 이상 묻고 원망할 필요도, 기운도 없다. 대신 이 불행을 끝내기 위한 정답을 실현시키려 묵묵히 걸어간다. *사람들이 가장 환영할 악역의 결말을 향해.*

갈기갈기

내 몸을 갈기갈기 찢어
한 명 한 명에게 나누어 주고 싶다.
각자에게 맞는 형태로.

그럼 모두가 평화로워지겠지.

그들은 원하는 나를 갖고,
나는 찢어져 사라지고.

걱정의 일방성

내가 준 상처에도 나는 널 걱정했고
네가 준 상처에도 나는 널 걱정했다.

그러니 부디,
우리를 포기해 주기를

 죽고자 하는 사람에게 삶을 강요하는 것만큼 무의미하고 폭력적인 건 없다. 특히 그 죽음이 섣부르고 가벼운 것이 아니라면 더더욱. 오랜 시간 고민한 결과이거나, 모든 방법을 다 써봐서 이제는 죽음만이 유일하다면 그 누구도 삶을 강요할 수 없다. 아니, 그래서는 안된다. 그건 본인의 욕심이고 이기심일 뿐이다. 죽음에서 비롯되는 죄책감이나 책임을 회피하기 위한 수단일 뿐이다. 절대 그 사람을 위한 것이 아니다. 진심으로 위한다면 그 선택을 존중해 주어야 한다. 그 처량한 선택이 오랜 기간 동안 얼마나 무겁고 단단해져 왔는지 이해해야 한다. 죽음의 편에 서 있는 그들의 팔을 삶 쪽으로 잡아당기는 게, 얼마나 무례하고 유해한 행동인지 알아야 한다.

나에게 살아가라고 하는 것은 온몸을 묶어놓고 호스를 연결해 삶이라는 기체를 강제로 주입시키는 것과 같다. 처음에는 모든 게 정상적으로 보일지도 모른다. 하지만 사실 그 기체는 내 몸에 맞지 않아서, 이내 고통스러운 발작과 경련으로 거부반응을 보인다. 흡입했던 기체들을 기침을 통해 뱉어내고, 헐떡이는 숨을 애써 진정시키려 아무 곳에나 널브러져 있어야 한다. 그 기체가 생명을 유지하기 위한 마지막 수단이라 해도, 내가 겪은 극심한 고통은 모든 걸 포기하게 만들 것이다.

이런 내게 계속해서 기체를 주입하는 것이 세상 사람들이 너무나도 편하게 행사하는 이기심이다. 당장 자신들의 눈앞에 쓰러져 있는 내게 무엇이라도 해서 죄책감과 책임에서 벗어나려고 하는. 어떤 고통의 사건이 있었는지는 보려고 하지도 않는. 그 행동의 결과가 나에겐 더 처참할 수도 있다는 것은 이해하려고 하지도 않는.

그래서 가끔은 나를 소중히 여겨주는 사람들의 선의가 부담스럽고 미울 때가 있다. 이미 나는 삶을 등졌는데. 죽음의 강물에 발을 담근 채 더 깊숙이 걸어 들어가고 있는데, 그들은 내가 삶을 선택하길, 어떻게든 생에 남아 살아주기를 바란다. 그들은 이 상황을 원하지도, 이해하지도, 허락하지도 않는다. 그저 죽음의 강물에서 나를 끌어내리려고 양쪽 팔을 힘껏 잡아당긴다. 서로 안간힘을 쓸수록 내 팔에는 생채기가 깊이 나지만, 그들에게 그런 상처 따위는 보이지 않는다. 그럴수록 나는 더더욱 죽음을 결단한다. 차라리 그들이 아무것도 하지 않았더라면, 나는 내 발로 죽음의 강물에서 걸어 나왔을지도 모른다. 때로는 선의라고 포장된 이기심과 욕심이 죽음의 무게를 더할 수도 있다는 걸, 세상 사람들은 왜 모르는 걸까.

강제로 삶이라는 기체를 주입당하고, 삶을 두고 사람들과 실랑이를 하는 과정을 수년간 반복하며 살아보아라. 버틸 수 있는 사람이 과연 얼마나 있을까.

그동안 나는 지독히도 불행했다. 내 상처 하나만으로도 벅찬데, 아픔을 증명하고 선택을 인정받기 위해 세상을 설득

해야 했다. 이 정도면 내 선택을 존중해 줄 때도 되지 않았을까. 이제는 벗어나도 되지 않았을까.

결국 나는 이 지긋지긋한 삶의 끝자락에서 시한부를 자처했다. 더 이상 목숨을 연명하기 위해 할 수 있는 게 없다. 이제는 죽음만이 유일한 길이다. 그러니 나를(나와 같은 사람들을) 이해하고 받아들여주기를 바란다. 이해가 어렵다면 포기도 괜찮다. 그저 더 이상 당신들의 책임 회피에 우리와 고통을 함께 가두어 놓고는, '소중한', '사랑하는'과 같이 온갖 그럴듯한 형용사로 꾸미지 않았으면 한다.

죽고자 하는 사람에게 삶을 강요하는 것만큼 무의미하고 폭력적인 건 없으니까.

그러니 부디, 우리를 포기해 주기를.

상처의 경중

손가락이 종이에 베인 상처의 고통으로는
심장이 칼에 찢어진 상처의 고통을 알 수 없다.

감히 헤아린다고 나서지도 못할 것이다.

아픔보다 더한 아픔은 분명히 있다.

자살 시도 이력서 3

삶을
구걸한 밤

 정신병동에 몇 주간 입원한 뒤 퇴원하면 한동안은 입원의 효과로 평온한 일상을 보낼 수 있다. 매일 한 주먹씩 털어 넣던 비상약을 찾지 않고, 자해와 자살 충동에서도 얼마간 벗어날 수 있다. 침대를 뒹굴거나 바닥에 엎어져 괴로워하는 일도, 우울과 불안에 압도당해 속수무책으로 눈물을 흘리거나 머리를 쥐어뜯는 일도 눈에 띄게 줄어든다. 그렇게 일상의 즐거움을 누리며 아주 잠깐은 병에서 벗어나 삶다운 삶을 살 수 있게 된다. 나는 이런 양상을 '입원 버프(Buff[9])'라고 표현한다. 입원이 삶을 살아가는 개인의 능력을 '일시적'으로

9　버프(Buff): 온라인 게임 등에서 캐릭터의 기본 능력치를 일시적으로 증가시켜주는 모든 효과, 내지는 스킬.

올려주는 효과를 가지니까. 그러나 입원 버프의 기간은 매우 짧다. 내 경험상, 입원 기간과 상관없이 대략 한 달을 넘어가지 못한다. 입원 버프가 끝나고 나면, 우리는 또다시 참혹한 고통 속에 던져진다.

서강대교에서 투신하고 한 달 반가량을 입원한 후에도 마찬가지였다. 지금까지 10번 이상의 입원 중에서 이때의 입원 버프가 채 일주일이 되지 않았을 정도로 가장 짧았다. 그 찰나의 입원 버프가 끝난 후, 나는 또다시 지독한 불행 속에 방치됐다. 그리고 항상 생각했다. 딱 한 번만이라도 좋으니, 다시 또 뛰어내리고 싶다고. 이 생각은 입원 버프가 가져다 준 설렘을 몰아내고 일상을 장악할 만큼 강력했다. 그때의 난 언제라도 몸을 던질 수 있게, 언제라도 한강의 품에 안겨 죽을 수 있게 늘 뛰어내릴 채비를 한 채 외출을 하곤 했다.

그렇게 6월의 어느 날. 평소와 별반 다를 것 없는 날이었다. 친구를 만나 술을 마시긴 했지만 취하지는 않았다. 그런데 집에 갈 때 즈음, 이상하게도 뛰어내리고 싶은 욕구로 미칠 것만 같았다. 나에게는 자살에 관한 나름의 철칙이 있는데, 그건 '친구와 함께 술을 마신 날에는 자살 시도하지 않기'이다. 혹시 내가 죽었을 때 함께 시간을 보낸 친구에게 쓸데없는 죄책감을 주지 않으려고 세운 철칙이다. 하지만 그날은 친구와 같이 술을 마신 날인데도 불구하고 충동이 강하게 들었다. 오늘은 무슨 일이 있어도 한강에 가야 할 것만 같았다. *죽고 싶어 미칠 것 같은 이 감정을 죽음으로 해소하지 않는다면 정말로 죽어버릴 것만 같았다.* 그래서 나를 배웅해 주겠다는 친구를 억지로 먼저 집에 보내고, 가장 가까운 한강 다리를 찾아 택시를 탔다.

이번에는 동호대교였다. 먼저 다리 입구와 멀찍이 떨어진 편의점에 내려 위스키를 샀다. 오늘은 수면제를 먹지 않았으니, 부족한 술기운이라도 넘치듯 채워 혹시 모를 미련과 망설임을 방지하려는 작정이었다. 그렇게 위스키를 꿀꺽꿀꺽 마시면서 다리 근처를 배회하다가, 우연히 동호대교 아래에 있는 한강 공원에 도착했다.

공원에는 한강의 여름밤을 즐기는 사람들로 가득했다. 모두가 함께하는 이들과 웃음을 나누며 활기와 행복을 흩뿌리고 있었다. 그들은 존재와 생명력만으로도 반짝반짝 빛이 났다. 하늘에 떠 있는 별보다 그들이 더 아름답게 돋보일 정도로. 그 빛나는 곳에서 나는 이방인에 불과했다. 그때, 그들과 나의 대비가 얼마나 처량하고 우스꽝스러웠는지. 그 비참함이 아직도 기억에 남는다. 불행을 짊어지고 죽음의 길을 걷고 있는 이방인과 삶의 한가운데에서 활기차게 생명력을 뿜고 있는 사람들. 아주 잠깐 부럽고 질투가 났지만, 그렇다고 해서 그들 사이에 끼고 싶지는 않았다. 그 틈에 아주 잠깐 섞여 있다가, 이질감과 비참함을 이겨내지 못하고 이내 동호대교 위로 걸음을 옮겼다.

 아무도 지나가지 않는 적적하고 어두운 동호대교 위. 이번에도 나를 위로해 주는 건 건너편의 이름 모를 반짝이는 한강 다리뿐이었다. 그 반짝임을 눈에 담으며 다리 난간에 기대 꽤 오래 서 있었다. 무언가 대단한 걸 떠올리거나 죽음을 망설였던 건 아니다. 자살과 관련된 로망은 이미 지난 시도

들로 충분히 실현했기에, 사실 별생각이 없었다. 그저 한강 다리와 한강 물을 번갈아 쳐다보며 떨어질 타이밍을 잡다가, 더 이상 지체하면 안 될 것 같다는 생각이 들었을 때 가방을 내려놓고 입고 있던 겉옷과 신발을 벗어 옆에 두었다. 그리고는 난간 위에 올라섰다. 이번에는 어떤 결말이 지어질까 궁금해하며.

그렇게 난간에 오른 지 채 몇 초도 되지 않았을 때, 갑자기 뒤에서 큰 소리가 들렸다. 뒤를 돌아보니 어떤 남성분이 전화기를 든 채 "잠깐만! 뛰어내리지 마라!"고 소리치며 승합차에서 내리고 있었다. 금방이라도 달려와 나를 잡을 기세였다. 그 모습에 놀란 나는, 절대 잡혀서는 안된다는 생각에 난간 밖으로 급하게 다리를 넘겨버리고는 냅다 뛰어내렸다. 정말, 말 그대로 '냅다' 뛰었다.

서강대교에서 그랬던 것처럼 한강을 등지고 밤하늘을 마주한 자세였다. 동호대교는 서강대교보다 높이가 낮아서, 떨어지는 동안 생각이란 걸 할 수가 없었다. 아주 짧은 자유의 순간 이후, '펑'하는 소리와 함께 물속으로 잠기고 또 잠겼다. 그렇게 허우적거릴 새도 없이, 나는 정신을 잃어버렸다.

한참 후 정신이 들었을 때는 한강 한복판에 둥둥 떠 있었다. 분명 한강 다리 위에서 뛰어내렸는데. 그러면 눈을 떴을 때 바로 위에 다리가 있어야 하는데. 그 어떤 것도 보이지 않았다. 그때 보였던 건 고작 밤하늘과 촉촉하게 젖은 별들, 일렁이는 한강 물뿐이었다. 도대체 정신을 잃은 채 어디로, 얼마나 흘러갔던 걸까.

결론부터 말하자면, 나는 이날 몇 시간 동안 수면 위에 떠 있다가 구조를 당했다. 꽤나 좋은 기억이었던 서강대교 때와는 달리, 동호대교에서의 투신은 온통 괴롭고 지쳐 있었던 기억뿐이다.

우선 너무 추웠다. 시간이 지날수록 온몸이 추위에 굳어졌다. 추위를 버티기 위해 앙다문 이 때문에 턱이 뻐근하고 아파 왔지만 힘을 뺄 수는 없었다. 이래서 물에 빠지면 저체온증으로 죽는다고들 하는구나 싶을 정도로 괴로웠다.

그리고 오락가락하는 정신 때문에 물에 빠졌다가 허우적거리며 나오기를 수없이 반복했다. 누군가가 스위치를 가지고 장난을 치는 것처럼 정신이 계속 꺼졌다 켜졌다 했는데, 그러는 동안 더러운 한강 물을 실컷 먹었다. 수면에 떠 있다가 어느 순간 정신을 잃으면, 물속에서 숨이 막혀 정신이 든다. 그렇게 버둥거리며 한강 물을 진탕 먹고 지쳐 힘이 빠지면, 그때서야 몸이 떠올라 허겁지겁 숨을 몰아쉬는 일이 몇 번이나 되풀이되었다.

그렇게 한강 물에서 실컷 괴로워하는 동안 신기하고도 기이한 경험을 했다. 물속에 가라앉아 있는 내 등을 누군가가 밑에서 떠받쳐주고 있는 듯한 느낌이 계속되었던 것. 나중에는 정말, 혹시 모를 존재가 나를 구해주고 있나 싶은 생각에 등 뒤를 손으로 허우적거리기도 했다. 엄마는 저번 투신 때부터 천사가 나를 지켜주고 있다고 얘기했는데, 어쩌면 그 말이 맞는 건 아닐까 하는 생각마저 들었다.

그 춥고 괴로운 한강 물 위에서 정신을 얼마나 잃었는지,

정신이 있을 때는 어떤 생각을 했었는지 잘 기억나지는 않는다. 그저 그 시간들이 너무나도 고통스러웠다는 건 확실히 기억난다. 정말 우습게도, 나중에는 살려달라는 말이 자연스레 튀어나왔다. 살려만 주면 한번 살아보겠다고. 그러니 제발 나를 발견해달라고. 그 말을 속으로 얼마나 외쳤는지 모르겠다. 그렇게 죽음이 간절했던 나에게서 살려달라는 말이 나오다니. 나 자신이 가소롭기도 했지만 그 순간만큼은 삶에 대한 공포보다 죽음에 대한 공포가 더 컸다. 저 멀리, 까마득한 어딘가에서 들려오는 보트의 엔진 소리와 촉촉하게 빛나는 별들에 희망을 걸어가며. *그렇게 죽음의 경계선에서 목숨을 구걸했다.*

멀리서 들려오던 보트 소리가 가까워졌을 때, 희망이 현실이 되었을 땐 다행이면서도 감사한 마음까지 들었다. 포기하지 않고 나를 찾아 준 구조대원 분들께. 그리고 소리 없는 나의 간절한 외침을 들어 준 대상 없는 누군가에게.

이날도 바로 이동 가능한 응급실을 찾느라 시간이 꽤 오래 걸렸다. 그동안 나는 땅에 눕혀져 몇 겹의 이불을 뒤집어

쓴 채 덜덜 떨고 있었다. 그 투박한 이불을 덮고 어두운 밤하늘을 올려다보고 있자니, 또다시 자살 시도를 실패한 비참함과 초라함이 내 목을 졸라 왔다. 방금 전까지의 감사함과 안도감은 나를 적시고 있던 한강 물과 함께 증발해 버리고. 조금만 더 참을걸. 살려달라고 빌지 말걸. 그러면 죽을 수 있었을 텐데 하고 잠깐이나마 삶을 소망했던 어리석음을 후회하고 또 후회했다.

가까스로 찾아낸 응급실은 동호대교와 정반대에 있는 곳이었다. 나는 사방에 울려 퍼지는 구급차 사이렌 소리를 들으며 희미해지는 정신을 이기지 못하고 결국 잠에 들었다.

응급실에 도착하고 잠에서 깼을 땐, 의료진들이 내 옷을 가위로 찢고 있었다. 축 늘어진 내 몸을 이리저리 돌리며 환자복을 입히고, 또 이름 모를 것들을 온몸에 가득 달고 분주히 검사실을 왔다 갔다 했다. 술기운에 검사들을 모두 마치고 나니, 슬슬 정신이 돌아오기 시작했다. 그러자 온몸으로 맞는 현실 자각 타임에 또다시 끔찍함이 몰려왔다. 자살 시도를 실패하고 눈을 떴을 때의 그 현실은, 자살을 시도할 때 맞는 현실보다 훨씬 더 지독하다. 그래서 억지로 눈을 감고 잠을 자려 애썼다. 감당해야 하는 현실에서 잠깐이라도 벗어나기 위해.

검사 결과는 신기하게도 큰 문제가 없었다. 더러운 한강 물을 마셔서 생긴 폐렴과 몸 뒤를 가득 덮은 멍들을 제외하고는. 폐렴은 며칠 동안 약을 먹으니 말끔하게 나았고, 멍 때문에 꽤나 고생하긴 했지만 그마저도 열심히 약을 바르니 흔적도 없이 사라졌다.

어쩌면 엄마의 말처럼 천사들이 나를 지키고 있다는 게 맞을 수도 있다는 터무니없는 생각이 든다. 여러 번의 자살 시도를 실패하고, 그것도 크게 다치지 않고 무사히 깨어날 수 있었던 데에는 그런 기이한 힘 덕분도 있지 않았을까 싶다. 세상에는, 그리고 세상 너머 미지의 그 어떤 곳에서든, 내가 나의 죽음을 간절히 여기는 만큼 내 삶을 간절히 여기는 존재들이 많은 것 같다. 어쩌면 내 마음보다 그들의 마음의 합이 더 커서 아직까지 살아 있는 걸지도 모르겠다. 그들에게 감사해야 할지, 그들을 원망해야 할지는 헷갈리지만.

하지만 그들의 마음과는 반대로, 나는 자살 시도를 반복할수록 죽음에 익숙해지고 노련해지고 있다. 전에는 감히 내딛지 못했던 죽음의 공간에 망설임 없이 발을 내딛게 되고, 어떤 죽음과 어떤 공포 앞에서도 흐트러지지 않고 죽음의 순간을 받아들일 수 있게 됐다. 그렇게 나는 시한부로서 죽음의 경험치를 쌓아가고 있다.

여전히 나는 삶의 끝자락에서 시한부의 삶을 살고 있다. 삶의 끝자락에서 외로이 그러나 기꺼이 다음 사망 선고일을 기다리는 시한부의 삶을.

이 시한부의 삶을 끝내는 방법은 하나, 시한부의 삶을 청산하고 삶의 한복판에서 남들과 같이 '평범'한 삶을 살아가는 것. 그리고 또 하나는 자살 시도에 성공해 삶을 끝내버리는 것. 어떤 삶을 선택할지는 미래에서 고통받고 있을 내가 짊어져야 하는 문제일 테지만, 바라건대 그 미래의 내가 너무 큰 고통에 빠져 있지 않기를 바란다. 고통은 지난 시도들에서 겪었던 것만으로도 충분하니까.

나의 우울 기록

1. 삶을 살아가게 하는 당신만의 원동력이 있나요?

   _____
   _____
   _____
   _____

2. 무기력을 이겨내는 당신만의 방법이 있나요?

   _____
   _____
   _____
   _____

3. 끝이 있는 걸 알기에 버텨낼 수 있었던 순간이 있나요?

   _____
   _____
   _____
   _____

삶의
끝자락에서

마지막 문장을 쓰며.

추락하였다. 그리고 즉사하였다. 나의 목숨은 티끌 같은 물방울이 되어 한강에 누여졌다. 물방울은 흘러 흘러 차디찬 죽음 속을 누빈다. 외로이.

나의 유언집인 이 책을 쓰는 동안 한강에 두 번 뛰어내렸고, 열 번 이상의 안정(폐쇄) 병동 입원을 했고, 그 누구보다도 소중하고 사랑하는 사람 두 명을 잃었다. 말릴 수 없었던, 막을 수 없었던, 그 어떤 것보다 간절하고 무거웠을 그 선택들을 받아들여야만 했다. 그렇게 절대 보고 싶지 않았던 두 사람의 장례를 오열 속에서 지켜보아야만 했다.

이제는 더 이상 그들이 없는 세상에서 살아갈 수가 없다. 심장이 심연의 늪으로 빠져 들어간다. 숨도 쉬어지지 않는다. 눈물은 돌덩어리가 되어 가슴속에 너저분히 쌓여 간다. 그 돌덩어리를 가져와 소원의 탑을 올린다. 그들의 행복과 평안을 기도하며. 그리고 나의 죽음을 기도(企圖)[10] 하고 또 기도(祈禱)[11]하며.

그러나 이 책을 읽은 당신만큼은 '평안'하길 바란다. 비록 이 책이 당신을 체하게 만들지라도. 삶에서 얻는 작은 행운으로 소화시키고는 평안해지기를 바란다. 나는 끝내 가지지 못하고 떠나겠지만, 세상에 두고 떠나는 모든 이들은 평안하기를.

---

10 기도(企圖): 어떤 일을 이루려고 꾀함. 또는 그런 계획이나 행동.
11 기도(祈禱): 인간보다 능력이 뛰어나다고 생각하는 어떠한 절대적 존재에게 빎. 또는 그런 의식.

갱신된 고통 속에서 나는 또 부질없는 꿈을 꾼다.
오늘을 등지고 흔적을 더듬으며.
돌아가면, 혹여 달라질까.

내 인생을 변명하자면
살아만 있어도 대견한 삶이었다고.

그래서 나는 오늘도 죽음을 꿈꾸고 갈망하고 있다.
이 지옥 같은 삶에서 벗어나기 위해,
나의 평안과 안녕을 찾기 위해.

그럼 이제 되었어.
불쌍한 두 눈을 감고
오랫동안 평안의 품에 안겨 있자.